本书由上海大学经济学院资助出版

高校社科文库
University Social Science Series
教育部高等学校社会科学发展研究中心

汇集高校哲学社会科学优秀原创学术成果
搭建高校哲学社会科学学术著作出版平台
探索高校哲学社会科学专著出版的新模式
扩大高校哲学社会科学科研成果的影响力

赵　蕾/著

政府官员问责制度研究

——基于中国内地和香港的比较分析

The Research on the Officials Accountability System:

The Comparative Study Basing on Chinese Inland and Hong Kong

光明日报出版社

图书在版编目（CIP）数据

政府官员问责制度研究：基于中国内地和香港的比较分析 / 赵蕾著. -- 北京：光明日报出版社，2012.4（2024.6 重印）

（光明学术文库）

ISBN 978-7-5112-2020-2

Ⅰ.①政… Ⅱ.①赵… Ⅲ.①行政管理—责任制—对比研究—中国 Ⅳ.①D63

中国版本图书馆 CIP 数据核字（2011）第 246355 号

政府官员问责制度研究：基于中国内地和香港的比较分析

ZHENGFU GUANYUAN WENZE ZHIDU YANJIU：JIYU ZHONGGUO NEIDI HE XIANGGANG DE BIJIAO FENXI

著　　者：赵　蕾

责任编辑：祝　菲　邓茗文　　　　责任校对：傅泉泽

封面设计：小宝工作室　　　　　　责任印制：曹　诤

出版发行：光明日报出版社

地　　址：北京市西城区永安路 106 号，100050

电　　话：010-63169890（咨询），010-63131930（邮购）

传　　真：010-63131930

网　　址：http://book.gmw.cn

E - mail：gmrbcbs@gmw.cn

法律顾问：北京市兰台律师事务所龚柳方律师

印　　刷：三河市华东印刷有限公司

装　　订：三河市华东印刷有限公司

本书如有破损、缺页、装订错误，请与本社联系调换，电话：010-63131930

开　　本：165mm×230mm

字　　数：225 千字　　　　　　印　　张：12.25

版　　次：2012 年 4 月第 1 版　　印　　次：2024 年 6 月第 2 次印刷

书　　号：ISBN 978-7-5112-2020-2-01

定　　价：65.00 元

序 言

官员问责是近年来在中国内地广泛兴起的一种政治现象和改革趋势。自2003年春以来，官员问责经历了一个由浅入深、由改革风暴到制度建设的发展过程，并日益成为我国政府改革的核心课题之一。官员问责制度理论研究的深入，有助于我们重新认识公共行政的责任诉求，并进一步探寻政治发展中的民主价值。同为政府官员问责制度，内地与香港的产生背景和机制不同，各自面临不同的改革诉求与发展困境。本书作者能够选取这一独特视角，对问责制度进行比较研究，确实具有一定的理论价值和启发意义。

本书在宏观框架上可以分为政府官员问责制度的一般研究、比较研究和借鉴反思三个部分：第一部分作为比较研究的基础和铺垫，对问责制度进行了一般意义上的理论梳理和逻辑分析，理清了“政府责任——行政问责制度——官员问责制度”三者之间“内涵——实现机制——核心机制”的内在逻辑链条，之后对政府责任的内涵、分类和现实困惑，以及作为政府责任实现机制的问责制度，进行了一般意义上的基本内涵、价值原则和通用程序等方面的分析和阐释。

第二部分为本书的主体部分，是对中国内地和香港两地的官员问责制度进行多维度多层面的比较研究，包括：首先，从制度设计思路的角度进行比较，认为中国内地的官员问责制度倾向于本土发展模式，而香港主要官员问责制度倾向于对西方部长制的移植和改良；第二，从制度构成要素的角度进行比较，认为中国内地与香港的官员问责制度在主体上基本遵循了一般性的共识，但在问责客体的界定和问责运行机制的设计上存在着较大的差异，并且分别面临着不同的制度缺陷与发展困惑；第三，从制度价值的角度进行比较，认为除一般性的诱因之外，对于中国内地和香港两个处于不同发展阶段的社会形态而言，问责制度势必会产生不同的现实意义，即对于中国内地而言，问责制度的主要价值在于重塑行政文化和深化干部人事管理制度，而对于香港而言，问责制度的改革价值更多地体现了彼时彼地的利益制衡与政治诉求；第四，从制度发展要素的角度进行比较，作者选取了制度基础、政党政治、公民参与、社会承受能力和改革预期等官员问责制度的关键性发展要素作为分析基点，探讨了不同的发展要素对两地问责制度构建产生的制约或推进作用；第五，从制度构建模式的角度进行比较，并进一步从决策方式层面将中国内地和香港问责制度的产生分别归类为危机决策和常规决策，从改革波及制度的数量与规模层面将两地问责制度分别归类为单项制度推进与制度体系的配套变革，从改革性质的层面将两地的问责制度分别归类为以行政管理体制层面为主的改革和以政制层面为主的改革。

第三部分是在比较分析基础上的反思与借鉴，通过上述系统分析和多维比较，本书在结语部分提出了两地构建高官问责制度的反思与借鉴，即首先，政治与社会的稳定是政治发展的基本保障；其次，改革成功的关键在于恰当地选择改革的切入点，进而理性设计适宜本土发展环境的改革战略；第三，在推进改革的进程中，应最大限度地考虑到相关配套制度的系统化改革与共同推进。

本书作者赵蕾博士对于问责制度的关注由来已久，从硕士研究生至今已八年有余，对于该课题的持续性研究实属难能可贵。此外，赵蕾也是我带的第一个女博士生，很有学术灵气，聪慧勤勉，成果可嘉。她在硕士研究生期间，就发表过十余篇论文。博士研究生阶段，曾列入厦门大学研究生年度成果排行榜。多年来，我的科研方向定位在政府绩效管理、政府比较和发展。政府绩效评估为政府问责提供操作性的依据，作为一种方法，比较和发展为政府问责的深化展现了空间，可以说，政府问责这个选题，像一条纽带把我的两个研究方向联系在一起。

本书是在作者博士学位论文基础上修改、整理完成的。为了搜集相关资料，作者进行了大量调查研究，尤其是书中有关香港主要官员问责制度的相关文献，更是作者多次亲赴香港，通过与香港特别行政区立法会、香港中文大学、香港大学等多处机构及学者的沟通交流所获取的一手资料。相信这样一本专著，对于两地官员问责制度的比较研究和发展模式定能体现出其独特的贡献和价值。

卓　越

2010 年 10 月 8 日

CONTENTS 目 录

第 1 章

导 论

政府官员问责制度的研究对于公共行政的发展意义日益凸显，其完善与构建有助于我们从另一个角度重新认识公共行政的责任诉求。目前，问责制正在引起学界越来越多的关注，对于官员问责制度的研究在理论深度和广度，以及研究方法上都取得了很大的进展。而对其进行更加深入、系统且多角度的比较研究，已经成为进一步推动官员问责制度理论发展和现实构建的必经之途。

1.1 相关范畴界定

关于政府官员问责制度这一研究主题的几个核心概念的内涵界定，本书将在后面的论述中一一进行详细的阐释，在此处，需要重点强调的是，在本书所有的研究语境中，“政府官员”、“问责制度”，以及“比较研究”这几个核心概念在范畴上的界定。

1.1.1 政府官员

政府官员是本研究课题的核心概念之一，每一个行政组织或机构中必定存在一个或多个领导集团，其成员往往居于高位并承担主要责任，这些人通常被称为“行政首长”、“主要官员”、“领导干部”等，其最突出的身份特征就是手中握有“重要权力”，并承担“重大责任”。所以通常而言，他们首先应是问责与监督的重点，因为他们握有相对重要且集中的公共权力，所以权力腐败、权力寻租以及权力滥用的可能性更大；同时他们又是问责与监督的难点，因为他们的特殊身份与权力地位，对其进行问责往往缺乏足够的制度支持和权力保障，监督起来非常困难。

在本书所有的研究语境中，“官员”这一名词在范畴上的界定包括如下三个方面：

首先，本书中所使用的“官员”这一称谓，在内涵上等同于“行政官员”，即本书所研究的对象只包括行政组织（政府）中的官员，而不包括其他公共组织和国有企业的官员。

其次，本书在研究重点上偏向于行政组织（政府）内部权力结构中的高层官员和主要官员。进一步而言，由于政府（行政）官员和高层官员之间，目前尚缺乏统一的法律界定和理论共识，加之对二者的问责在很多方面存在共性和趋同，因此本书中除特殊强调之外，多数语境未将官员和高层官员进行专门区分，但在实质的研究重点上倾向于对高层官员的问责制度研究。

最后，本书在研究过程中对于相似概念的范畴采取了模糊界定的态度。鉴于目前学界的研究基础，以及作者的研究能力等多方面的限制，在研究过程中，本书对政府官员、主要官员、高层官员（高官）、行政首长、（主要）领导干部、“一把手”等改革进程中出现的大量意义相近的概念和名词，在大多数语境下对其中的部分概念进行通用，而没有进行专门和特别明确地区分界定，并认为这种研究态度和思维方式不会对本书的研究结论造成实质意义上的影响。

1.1.2 问责制度

关于问责及问责制度的内涵，国内外不少学者已经给出了全面系统的界定，从目前看来，有关“问责”的范畴界定，主要有如下两个角度：

首先，就问责的内涵而言，可以分为广义的问责制度和狭义的问责制度。在后面章节的研究和论述中，本书认为广义的问责制度包括行政问责、政治问责、法律问责和道德问责四个层面或机制，并提供了全面详尽的理论支持；而狭义的问责制度仅是指上述广义问责制度中的行政问责或者政治问责（民主问责）中的一项，其中尤其以政治问责（民主问责）的研究倾向最为明显，例如英国学者安·玛丽·哥兹（Anne Marie Goetz）和罗勃·詹金斯（Rob Jenkins）在其著作中即使用了这个概念：“在通常意义上，‘问责’直接与民主问责联系在一起，是指政府通过有效的治理向公众和法律体制进行责任回应。”① 在这个

① 参见 Anne Marie Goetz，Rod Jenkins. *Reinventing Accountability*: *Making Democracy Work for Human Development* ，New York：Palgrave Macmillan，2005.11. 在许多文献中，民主问责往往习惯以政治问责（political accountability）的概念出现，但其关注的焦点仍然是选任官和公众两者之间问责关系的界定及其对政府构成的影响，问责制度被视为是所有依据宪法程序获得授权的政府官员向公众应尽的职责。参见 Joy Marie Moncrieffe，“Reconceptualizing Political Accountability”，*International Political Science Review*，1998（4）：386～394；Banfield E. C，“Corruption as a Feature of Governmental Organizations”，*Journal of Law and Economics*，1975（18）：58～67.

意义上，本书将所遵循的概念范畴界定为广义的问责制度，即在本书的研究语境中，问责制度均指的是包括行政问责、政治问责（民主问责）、法律问责和道德问责四个层面在内的复合性制度体系。

其次，从问责的存在形态而言，可以分为：（1）作为一种制度的问责。例如国内学者毛寿龙认为，问责是指“对政府及其官员的一切行为和后果都必须而且能够追究责任的制度，其实质是通过各种形式的责任约束，限制和规范政府权力和官员行为，最终达到权为民所用的目的”①；（2）作为一种行为的问责。例如世界银行专家组给出的行政问责的概念是“一个具有前瞻性的过程，通过它，政府官员要就其行政决策、行政行为和行政结果进行解释和正确性的辩护，并据此接受失责的惩罚”②；（3）作为一种关系的问责。例如《公共行政与政策国际百科全书》认为，“问责是指委托方与代理方之间的一种关系，即获得授权的代理方（个人或机构）有责任就其所涉及的工作绩效向委托方作出回答。”③ 从这个意义上，作者选择了第一种范畴界定作为本书的研究参考，即除特别强调外，书中大多数研究语境中的问责是作为一种制度发生、发展并被关注和研究的。

1.1.3 比较

比较研究是本书最主要的分析工具和方法。在对官员问责制度进行研究的过程中，以比较研究作为核心的分析方法，同时，采用集中比较的思路，选取中国内地和香港作为比较对象，这种选择源于谨慎的学理思考与研究需要。

1. 比较方法：主要分析工具

比较研究方法又称类比分析法，是指对两个或两个以上的事物或对象加以对比，以找出它们之间的相似性与差异性的一种分析方法。④ 从知识论的角度来看，比较是从对比和鉴别中认识事物的基本方法，是从经验事实中概括和提

① 毛寿龙：《官员问责：建设法治政府的制度创新》，http：// news. sina. com. cn/ c/ 2006 - 01 - 05/ 09547902490s. shtml. 2006 年 1 月 5 日。

② World Bank Experts Group, *Social Accountability in the Public Sector: a Conceptual Discussion and Learning Module*, New York: The International Bank for Reconstruction and Development & The World Bank, 2005. 13.

③ Jay M. Shafritz: *The Facts on File Dictionary of Public Administration*, New York: Facts On File Publication, 1985. 6.

④ 林聚任、刘玉安：《社会科学研究方法》，山东：山东人民出版社，2004 年，第 151 页。

炼理论命题的基本方法，也是从反复发生的现象中作出规律性总结并据以预测未来的方法。① 比较研究往往肇始于对相似或差异的思考，但无论其最初的着眼点为何，最终的任务和使命都在于理解客观现象中的“恒常因素、变异之处与发展趋势”②。当这种方法被系统地用来认识政治和行政现象时，就成为政治与行政的比较研究。比较研究的高级发展阶段，特别是在相应的社会科学主流学科基础上高度发展起来的、有着特定课题领域的比较研究，形成了众多的分支性或边缘交叉性的比较学科，例如比较政治学、比较法学、比较社会学、比较经济学等等。③

由于学科领域和研究对象的性质所致，本书进行的比较研究主要源自于比较政治学和比较行政学的研究思维与方法，即通过比较和描述，认识、解释和预测政治现象和公共行政过程。时至今日，比较政治学、比较行政学已经成为政治与行政研究进展及学科发展的主要途径和源泉之一。法默（David Fanner）就曾在其著作中特别地“对过于狭隘的公共行政研究团体提出了批评，主张超越美国狭隘的地方观念，扩张公共行政研究团体，因为这种狭隘的地方观念已经使公共行政研究团体苦不堪言”。④ 人们日益认识到基于狭窄视野研究的限制和危害，政治和行政研究已经进入了强调比较分析的新时代。

进一步而言，首先，官员问责制度的发展模式尤其适合进行比较研究。任何行政行为或改革都不应被孤立看待，官员问责制度无疑更适合一种宽广的、比较的研究视野。如前所述，比较研究往往肇始于对相似与差异之处的思考。一般来说，如果所研究的那个制度或者那些制度实际上以相应的形式存在于所研究的政治系统中，并且注意到了这些制度在不同系统中的功能角色有所变化，那么这样就存在了一个切实可行的比较研究的结构基础。⑤ 极为相似的事情，在不同的环境中出现会引起完全不同的结果。如果把这些发展过程中的每一个部分分别加以研究，然后再对它们加以比较，我们就会很容易的找到理解

① 张小劲：《比较政治学导论》，北京：中国人民大学出版社，2001 年，第 3 页。

② Rod Hague, Martin Harrop: *Comparative Government and Politics: An Introduction* (*6th Ed.*), New York: Palgrave Macmillan, 2004. 99.

③ 张小劲：《比较政治学导论》，北京：中国人民大学出版社，2001 年，第 3 页。

④ Ferrel Heady: *Public Administration: A Comparative Perspective* (*6th Ed.*), CRC Press, 2001. 6.

⑤ Ferrel Heady: *Public Administration: A Comparative Perspective* (*6th Ed.*), CRC Press, 2001. 61 ~ 62.

这种现象的钥匙。[①] 官员问责制度在几乎相近的历史时期，以相似的改革名称，在不同的地区、相异的政治系统中生成了不同的制度性质，并发挥着不同的制度效应与功能角色，[②] 这使得对其进行比较研究尤其具有学理价值和现实意义。

此外，官员问责制度的进一步发展有赖于比较研究。官员问责制度无论在我国内地，还是在其他国家和地区，都不是新生事物，只不过一直是以某种其他的制度、行为或现象存在。对于我国官员问责制度而言，轰轰烈烈的风暴过后，正面临一系列发展瓶颈，各种困惑和阻碍使得其进一步的改进变得举步维艰。他山之石，可以攻玉。对于一种为了应对社会危机而迅速构建起来的新生制度，在"常规时期"仅仅依靠其自身的反省与开发是不够的，更重要的是通过比较和借鉴，利用先进国家和地区的既有理论、方法和经验等外在的助力，找到其持续化的发展动力。

2. 集中比较：方法与对象的选取

罗德·黑格（Rod Hague）将比较研究的方法分为个案研究、集中比较和统计分析三种[③]，其中个案研究和集中比较的方法，研究者应当就合乎某一宽泛类别的若干案例提供详尽的描述，而统计分析意在考察适用于多个案例的政治变量间的关系。[④] 按照这种划分标准，本书采用的是集中比较的研究方法。

集中比较处于个案研究与统计分析之间，属于小"N"数的研究，意在对极小数量的国家或地区某一方面的政治现象展开详尽的比较。[⑤] 其中，对两至三个国家或地区进行的比较（即成对比较或双边比较，以及三角比较）最为常见。与比较研究的其他方法相比，集中比较具有特定的功能和优势：一方

---

① 《马克思恩格斯全集》（第19卷），北京：人民出版社，1957年，第131页。

② 这类似于涂尔干（Emile Durheim）意义上的共变方法。涂尔干认为共变方法是比较方法中最能适用于社会学研究的方法。因为这种方法不必把所有不同的因素都一一排除之后再进行比较，而只需把两类性质虽然不同，但在某一时期有共变性的现象找出来，就可以作为这两类现象之间存在一种关系的证据。林聚任、刘玉安：《社会科学研究方法》，山东：山东人民出版社，2004年，第154页。

③ 国内学者张小劲则将比较政治研究中所使用的研究路径分为个案研究取向和变量研究取向，并进一步将个案研究取向划分为单一个案与集中比较。参见张小劲：《比较政治学导论》，北京：中国人民大学出版社，2001年，第89~97页。

④ Rod Hague, Martin Harrop: *Comparative Government and Politics: An Introduction*（*6th Ed.*）, New York: Palgrave Macmillan, 2004. 113.

⑤ Rod Hague, Martin Harrop: *Comparative Government and Politics: An Introduction*（*6th Ed.*）, New York: Palgrave Macmillan, 2004. 116~117.

面，较之于单一个案研究而言，集中比较具有明确、直接的比较框架，其比较研究所涉及的个案之间必须建立共同的比较变量或参数，个案之间的不同点和相似点必须在同一层次或水平上且须有确切的分类和对比。因此是更具有理论化色彩的比较研究；另一方面，较之于宽泛的多个个案的排比罗列，集中比较又有深厚的个案研究基础，其研究范围所及不仅有相对静态的比较和变量的识别，而且能够对历史性的比较因素保持足够的敏感，能够使研究者追究不同个案间不同点或相似点的历史根源。因此集中比较有着更深入的探究能力，其理论建构所得结论更具有普适性和概括力。①

在对政府官员问责制度进行集中比较的对象选取上，本书选择了中国内地和香港特别行政区两地，主要是出于以下两点考虑：

首先，从比较研究的要求与条件来考虑。相对于其他地区而言，中国内地与香港地区的官员问责制度之间具有更强的可比较性，即存在着更加丰富的适宜进行比较研究的内容和要素。如前所述，西方国家有关问责制度的构建与研究已经进入了相对成熟的发展阶段，而中国内地与香港虽然在经济发展阶段上存在较大的差异，而且香港政府公务员队伍的廉洁高效与法治精神历来为世界各国所称道，但由于复杂的历史和现实因素，两地却面临着相似的政制改革情境，即在某种意义上均可以纳入民主政治的欠发达地区。问责制度既是中国内地和香港政府近年来的核心改革项目之一，同时也是两地不同程度的推进政制改革、实现政治民主与现代化的必然轨迹。此外，两地的官员问责制度选择了相近的历史时期和相似的改革名称来应对不同的社会危机，而且同样取得了比较积极的制度成效，但迥异的历史背景、政治传统与制度基础，决定了两地问责制度在具体的价值选择、设计理念、运行方式以及构建模式等方面都存在着明显的不同。两者之间这种多维度的相同与差异，无疑非常适宜作为集中比较研究的对象。

其次，从比较研究的最终目的来考虑。相对于其他地区而言，中国内地与香港地区的问责制度之间具有更强的可借鉴性。尽管香港历来较多地受到西方国家，尤其是英国政治思维与改革理念的影响，但“九七”回归之后，香港正日益构建起一个真正的属于中国人的现代文明社会，在这里，中国文化与西

① 张小劲：《比较政治学导论》，北京：中国人民大学出版社，2001 年，第 91 页。

方文化、传统价值与现代价值实现了良性的融合与缓冲。① 它不再是英国、美国、新西兰等西方国家行政改革与现代化模式的翻版，而是一种与中国传统文化具有极强兼容性和共生性的现代化模式。而这种理念的缓冲与转化目前是很难在中国内地的行政改革中实现的。相较而言，中国与西方发达国家无论在传统文化，抑或政治、经济和社会基础方面都存在着巨大的差别，而香港特区作为行政现代化的成功典范，恰恰在我国行政改革与发展过程中充当了一个重要的实验室与缓冲区的角色。与其对西方行政改革的理念与经验进行简单的拿来主义或复杂的批判借鉴，不如通过研究与考察香港的行政改革历程，吸纳与借鉴那些在香港已经被证明了适应中国传统文化，并行之有效的、改良了的西方行政改革理念。换言之，经过在香港这个具有多元文化因素与历史背景的特殊地区的缓冲与改良，西方先进的公共行政改革理念与模式或可以在中国内地的行政改革中发挥更充分的实际效应，同时在很大程度上避免因制度水土不服而产生的各种冲突、矛盾和新的改革问题。

1.2 学界研究现状

对于政府官员问责制度进行比较研究具有重要的理论意义和现实价值。当然，我们已经看到了大量相关的研究报告、学术论文和专著。其中不少文献具有很强的创新性和说服力，为后来的研究者带来颇多启发。根据作者对国内现有相关文献的搜集和整理，可归纳出目前对官员问责制度理论研究的现状和特点：

1. 在研究内容上。集中于对制度价值、理念来源及发展困境的理论研究，较少对制度本体构建对策的操作性研究。具体来说，首先，对于官员问责制度的产生原因、存在价值与积极的现实意义，学界已基本达成共识，这从相关的研究文献逐年增加，并在研究焦点和观点上相对趋同上可以得到体现；其次，有关官员问责制度的一些基本概念已经进行了大量争论，但尚难以达成认识上的一致。例如，对于问责主体的范畴、问责对象的界定，以及启动问责程序的条件等的学术观点，可谓百家争鸣，并形成了一些具有一定代表性和可信性的观点，但体现更加明显的仍是意见上的分歧；第三，目前大部分有关责任和问

① 金耀基：《香港与二十一世纪中国文化》，《明报月刊》（港），1997 年第 1 期。

责的研究文献中，都倾向于规范的价值论证和基础理论研究，对问责制度运行及技术层面的研究关注不够。

2. 在研究的范畴上，目前大部分的相关文献都集中于对内地地方政府问责制的研究，而较少涉及域外问责制度的研究，这无疑影响了相关研究的进展。

3. 在研究方法上。目前能够掌握的相关研究文献，大多数是基于一定理论分析和价值论证的历史研究和系统研究，也有少数案例研究，但较少运用到比较研究。具体而言，目前学界的研究焦点主要集中于对问责制度产生的历史脉络梳理、问责制度体系、要素和组成的系统分析，而选取某一地方政府作为案例进行集中研究的较少，运用比较研究方法的则更屈指可数；此外，也较多的集中于定性分析和文献研究，而较少运用定量分析和案例调查研究。

在西方国家学术界，政府官员问责制度同样是一个长期引起关注的话题。美国学者邓恩（Delmer D. Dunn）曾对涉及问责研究的文献作了大致的类分，认为在学术上对问责的研究文献可以分为两类："一类是从民主理论的视角研究问责，另一类是从公共行政的视角研究问责。"① 从民主理论视角进行研究的一般是民主问责（democratic accountability），英国学者安·玛丽·哥兹（Anne Marie Goetz）和罗勃·詹金斯（Rob Jenkins）在其2005年出版的专论问责的著作中即使用了这个概念。② 从公共行政视角研究的一般是行政问责（administrative accountability）③。行政问责所关注的是政务官、事务官和公众三者之间问责关系的界定及其对行政治理的影响。在类分的基础上，邓恩进一步认为，无论从民主理论视角，还是从公共行政视角，学术界对问责的研究，"其核心在于寻求如何界定选任官（elected officials）、非选任官（nonelected

① Delmer D. Dunn, "Accountability, Democratic Theory, and Higher Education", *Educational Policy*, 2000 (11): 35 ~ 43.

② 参见 Anne Marie Goetz, Rod Jenkins, *Reinventing Accountability: Making Democracy Work for Human Development*, New York: Palgrave Macmillan, 2005. 11.

③ 在一些文献中，行政问责也常以公共部门问责（public-sector accountability）的表述方式出现，见 Anne Marie Goetz, Rod Jenkins. *Reinventing Accountability: Making Democracy Work for Human Development*, New York: Palgrave Macmillan, 2005. 123；或者以政府问责（government accountability）的表述方式出现，见世界银行对问责的解释：http: // www4. worldbank. org/ legal/ leglr/ judicialreform _ a. html, 2002年2月15日。

officials）和公众这三者之间合适的关系”。①

在问责机制方面，有西方学者以政府内部和外部为纬度，对行政问责和政治问责类型作了更深入的剖析（见表1和表2）：

表1：公共行政的正式与非正式问责类型及内容

问责类型	问责内容
外部正式问责机制	立法机制（立法委员会和议会质询）、居于公共部门之上的政治领导管制方法、司法或准司法程序（行政法庭和监察官）
外部非正式问责机制	公众听证、利益团体、民意调查、媒体监督
内部正式问责方法	正式制度、规章、行政等级、绩效评估

资料来源：M. Shamsul Haque. “Significance of Accountability under the New Approach to Public Governance”［J］. *International Review of Administrative Sciences*, 2000（66）：606.

表2：官僚问责制的形式

内部控制	外部监督
部长指令 正式规则 部门间的竞争 专业水准	立法机关和司法机关 专职监察官 利益集团和大众媒体

资料来源：Polidano. C. “Why Bureaucrats Can’t Always Do What Ministers Want：Multiple Accountabilities in Westminister Democracies”［J］. *Public Policy and Administration*, 1998（13）：35～50；Stone. B. “Administrative Accountability in the ‘Westminister’ Democracies：Towards a New Conceptual Framework［J］. *Governance*, 1995（8）：505～526.

事实上，在西方国家，鉴于传统的民主问责体系建设已经趋于稳定和成熟，目前其研究的重点集中于现代问责机制中利益团体和公民参与在行政问责中的影响作用。

① Delmer D. Dunn, “Accountability, Democratic Theory, and Higher Education”, *Educational Policy*, 2000（11）：35～43.

1.3 题义价值论证

1. 对政府责任进行制度研究的理论价值

责任是现代公共行政的核心命题。“在公共行政和私人部门行政的所有词汇中，责任一词是最为重要的。”① 尽管公共行政的发展历经了若干学派与改革思维的洗礼，但作为其核心理念之一的责任精神却从未改变。公共责任的承担已成为现代政府所应具备的一种本质属性，但是这种属性是否能够作为目标加以实现却不是必然的。在对责任内涵与价值进行深入、规范的理论研究基础之上，关注政府责任实现机制与途径的制度研究，正在成为政府责任专题研究的核心领域。制度意味着一系列有效规则的集合，它的存在以集团内成员的共同遵守为前提，并以实现该集团的特定构想与持续发展为目标。随着有关责任本体研究的不断成熟与发展，制度研究日益彰显出其对于实现政府责任的重要现实价值。构建一种有效、稳定的责任实现机制，正在成为世界各国政府改革的重要议题。

2. 官员问责制度的构建是政府改革的时代使命

自2002年以来，政府官员问责制在中国香港地区和内地相继推行②，这场变革改变了一大批政府官员，尤其是主要官员的政治生涯，关于“问责”的宣言比比皆是，并扩散到了公共部门以外的领域。积极构建起科学有效的官员问责制度，不仅引起了上至中央高层，下至社会公众的广泛关注，更成为政府改革肩负的时代使命。

早在2004年3月5日《政府工作报告》中，温家宝总理就强调“有权必有责，权责统一才是依法行政的基石”。2006年3月5日，温家宝总理在十届全国人大四次会议上所做的《政府工作报告》中，再次强调政府要加强行政问责建设。2006年9月4日，在国务院召开的全国电视电话会议上，温家宝总理进一步明确提出，要“按照权责一致、依法有序、民主公开、客观公正的原则，加快建立以行政首长为重点的行政问责制度”。2007年10月5日，

① Terry L. Cooper, *The Responsible Administrators: An Approach to Ethics for the Administrative Role*, Jossey-Bass Inc. Publishers, 2001. 62.

② 在香港，政府的官方文件中更多的使用“主要官员问责制”的称法，而很多内地和香港学者也称其为高官问责制。由于本书的研究不涉及上述概念和内涵的差别，因此不做区分。

在中国共产党第十七次全国代表大会上，胡锦涛总书记表示，要完善制约和监督机制，……重点加强对领导干部特别是主要领导干部的监督，健全质询、问责、引咎辞职、罢免等制度。2008 年 2 月 23 日，在中共中央政治局第四次集体学习会议上，胡锦涛总书记再次将“推进以公共服务为主要内容的政府绩效评估和行政问责制度”作为构建服务型政府的核心要义之一。2008 年 3 月 5 日，温家宝总理在十一届全国人大一次会议上作的《政府工作报告》中，又一次指出，要进一步完善行政监督制度，推行行政问责制度。这一系列举措充分显示出我国政府当前对行政问责问题的高度重视，构建起科学有效的问责制度已经成为我国政府改革的时代使命。

3. 对官员问责制度进行比较研究的现实意义

问责制度在经历了最初的席卷式风暴之后开始陷入新的发展困境，决策的仓促、配套制度的缺失、新问题的出现等一系列改革环境的变化，正在对这一“新制”提出越来越多的要求。深入研究成为其进一步发展的必要条件。改革不应被孤立看待，以比较研究做为官员问责制度进一步探索的方法路径，有助于我们更清晰的掌握其发展逻辑与构建原理，进而节约改革成本、提高改革绩效。官员问责制度并非新生事物，在中国内地以外的其他地方，这个名词作为行政制度或行政行为早已出现，因此比较和借鉴的视角理应被重视。香港的主要官员问责制是我国最早成形的、真正意义上的现代问责制度，尽管在当时由于种种原因并未在内地产生强烈的反响，但是在我国问责制度处于积极创设的今天，分析解读香港执行至今的主要官员问责制度，从中汲取操作经验，无疑具有重要的借鉴意义和现实价值。

第2章

问责制与政府责任的实现逻辑

公共责任是现代政府必须具备的一种本质属性①，但这种属性是否能够作为“目标”加以实现却不是必然的，或者至少需要一个漫长的践行过程。做为政府责任②的追究机制，问责制度的产生正是缘于政府责任在实现和承担过程中遭遇的现实困惑，是人们意欲挣脱这一困境的诉求在政府管理制度层面的现实产物。从行政问责制到官员问责制的探索与发展，也印证了公共责任日益清晰的制度逻辑。

2.1 理解政府责任

政府责任不会自发实现，其在现实中遭遇的一系列困惑促使人们不断去探求它的实现逻辑。而对责任及政府责任的基本内涵与存在形态的理论认知，是促成政府责任从观念向制度的现实转变，并最终内化为政府属性的基本前提。

2.1.1 政府责任的内涵

尽管公共行政学界对政府责任的关注由来已久，但如同其他大多数政治理念一样，关于责任及政府责任的解释从来没有定于一宗。其中，颇具代表性的有以下几种观点：

我国学者张贤明认为：责任意谓份内应做之事与未做好份内之事所应受的谴责和制裁两方面的涵义。而这两个层次之间还有一个中间环节——责任主

① 本书中的公共责任，更多是强调与政府作为特殊的公共组织所掌握的公共权力相对应的责任，而不涉及其他公共组织的责任。

② 本书中的政府责任概念在内涵上等同于广义上的行政责任。鉴于研究重点和关注偏好，本书不对公共责任、政府责任与（广义上的）行政责任做以明确区分。

体，对二者进行评价。因此，责任包括三个有机组成部分：第一，责任主体的份内之事；第二，责任主体没有做好份内之事时应受的谴责和制裁；第三，对责任主体行为的评价。①

美国学者斯塔林（Graver Starling）认为，行政责任的内涵主要包括如下要素。(1) 回应。即政府不仅应该快速了解和接纳民众先前表达的需求，而且应该以“前瞻”的“主动行为”研究问题和解决问题。(2) 公正。即在政策的形成和执行中，政府不能忽略不同群体、不同地域或对政策目标的情景差异。(3) 效率。即政策的制定和执行必须要受到恰当的、认可的目标标准的指引，政府的行为应该是理性的、有效率（效能）的。(4) 法定程序。政府的行为应该受到法律制度的约束而非意志的支配，即必须依法而不是恣意而治。(5) 承担主体。政府必须对其行为负责，一旦违背了理性的法治原则或是精神，必须有相应的个体或组织承担责任。(6) 诚实。一方面，政府要坦白公开，要接受外界的监督。另一方面，政府的公共管理者不能利用权力谋取不正当的利益。②

美国学者库珀（Terry L. Cooper）把（客观）责任放在公共行政角色的组织和政治背景中分析，认为主要有三种关系：一是由公共组织结构中上下级关系决定的责任；二是“对民选官员负责，把他们的意志当作公共政策的具体表现来贯彻”；三是“对公民负责，洞察、理解和权衡他们的喜好、要求和其他利益”。③

我国学者张成福把政府责任划分为广义和狭义两种。他认为，广义的政府责任指政府的社会回应，即政府能够积极地对社会民众的需求做出回应，并采取积极的措施，公正、有效率地实现公众的需求和利益。……政府责任意味着政府组织及其公职人员履行其在整个社会中的职能和义务，即法律和社会所要求的义务。狭义的政府责任主要指法律责任，即政府机关及工作人员违反法律规定的义务，违法行使职权时，所承担的否定性的法律后果。④

---

① 张贤明：《论政治责任——民主理论的一个视角》，长春：吉林大学出版社，2000 年，第 1 ~ 3 页。

② Graver Starling, *Managing the Public Sector*, Homewood: The Dorsey Press, 1986. 115 ~ 125.

③ Terry L. Cooper, *The Responsible Administrators: An Approach to Ethics for the Administrative Role*, Jossey-Bass Inc. Publishers, 2001. 68 ~ 69.

④ 张成福：《责任政府论》，《中国人民大学学报》2000 年第 2 期。

我国学者张国庆认为："行政责任是政府及其构成主体行政官员（公务员）因其公权地位和公职身份而对授权者和法律以及行政法规所承担的责任。……政府应当为国民谋利益，并接受国民的监督，从而承担广泛的行政责任，即广义行政责任。从狭义上说，政府公务人员作为政府的构成主体，在代表国家实施行政行为的过程中，当其违背与其公务身份同时产生的义务和职责时，就必须承担责任，即承担狭义行政责任"。①

从上述若干定义中可以看出，西方学者多关注责任的来源，而我国学者多关注政府责任的具体体现；西方学者往往从责任的理念出发，将政府责任划分为若干层面，而我国学者多从责任的内涵或范畴出发，遵循广义和狭义两种研究视角；西方学者强调政府的解释和回应等责任要求，而我国学者多强调政府对消极责任的履行和承担。

综合众多观点和论述，笔者认为，最广义上的政府责任应该包括五层含义：（1）责任内容，即所谓"应该做什么、不应该做什么"的问题，这是政府承担责任的基本前提；（2）责任依据，即政府所承担责任的法定或制度凭据，这是责任的合法性基础；（3）对责任的解释与说明，即"为什么要这样作为或不能这样作为"，这是责任的合理性基础；（4）对否定性结果的承担，即"没有正确的作为或不作为会怎么样"，这是政府责任机制的运行要件；（5）道德观（责任感），即政府（主要是指行政人员）作为责任主体，其"在主观上应该如何作为"，这是责任自律的伦理要件。

2.1.2 政府责任的分类

从不同的视角出发，政府责任有很多种分类方法，其中最常见的是依据责任内涵进行分类。此外也可从责任性质、特点或存在形态等角度对其进行分类。

1. 依据责任内涵与范畴进行分类

现代政府的责任内涵应该体现伦理学、法理学、政治学和行政学等多视域的价值诉求，并在系统层次上相应地体现为道德责任、法律责任、政治责任和

① 张国庆：《行政管理学概论》，北京：北京大学出版社，2000年，第486页。

行政责任。①

（1）伦理学视域下的政府责任。“责任”一词最初源于伦理学。伦理学注重于研究道德上的善与恶、正确与错误，是对行为的正义与非正义进行的一种观念上的道德评价。它为个人和组织的行为提供了价值标准与道德理念，但不提供对具体问题的解决或指导，不具有对社会成员的强制约束力。伦理道德的价值诉求在政府责任体系中体现为政府所承担的道德责任，并相应地落实为行政主体对责任的自觉认识和行为的自愿选择。伦理学的要义是强调人的自律，因此在政府体系中，道德责任的实现亦如其他领域，是一件十分复杂的事情。进一步而言，政府的道德责任集中表现为行政人员的道德责任，行政人员的道德责任可以分为两个向度：一般道德责任和特殊道德责任。这是因为行政人员作为一个特殊的职业群体，他既需要拥有作为社会成员的一般道德价值取向，又必须具有作为行政人员的特殊道德价值取向。正如卢梭所言，“政府中的每个成员首先应是公民，然后才是行政官，然后才是他自己本人，而不是相反。”② 在现代民主社会中，一个合格甚至高尚的行政人员首先必须是一个“良民”，能够认真履行一个社会对其公民的普通道德要求。

（2）法理学视域下的政府责任。正义与责任是法的核心精神。法理学的出现从消极、否定的视角为“责任”赋予了一种新的内涵，它强调任何不负责行为都应该而且必须受到强制性的惩罚。政府责任也必然地包涵了法律责任这一强制性内容，这是因为，根据普遍接受的法理，国家机关（政府）亦是法人。法人的活动权限，受其宗旨所制约。政府行为应该以其建立之初所依据的契约与原则范围内的权限为准绳。政府行为一旦超出或者违背了这种精神和原则，则必须承担相应的法律责任并予以赔偿。这在现实中应体现为政府机关及其工作人员与普通公民一样，在法律面前一律平等。法理学意义上的政府责任，就是指政府要依法行政，行为要合乎宪法和法律的规定，而不能借口维护公共利益随意侵害公民的合法权益，如果政府的行为导致公民的合法权益受到

---

① 我国学者毛寿龙认为，政府及其行政人员要承担四个层面的责任：一是道义上的责任，向受害者和公众负责；二是政治上的责任，向执政党和政府负责；三是民主责任，向选举自己的人民代表和选民负责；四是法律责任，向相关法律规定负责，看是否有渎职的情形存在。参见：我国官员将接受“立体培养”引咎辞职将法制化［EB/OL］：http：// www. ce. cn/ xwzx/ gnsz/ gdxw/ 200410/ 22/ t20041022 _ 2061892. shtml，2004 年 10 月 22 日。

② 卢梭：《社会契约论》，何兆武译，北京：商务印书馆，1980 年，第 83 页。

侵害，政府要依法予以赔偿。①

（3）政治学视域下的政府责任。政治学意义上的责任也具有强制力和不可违背的特性，同时又被赋予了更深层次的价值内涵，即政治责任的构建是基于一定的意识形态的阶级统治，其承担方式是政治上受信任的程度降低。民主政治与专制统治的一个本质区别是政府要承担政治责任，即政府及其工作人员的所作所为必须合乎公共利益，其决策（具体体现为政策、法规、规章和行政命令等）必须合乎人民的意志和需求。如果政府因决策失误导致国家和人民利益受损，虽不受法律追究，却要承担政治责任。② 现代政府所承担的政治责任常常体现为对其产生机关（如议会、人大等）负责并做出合理的解释与回应。③

（4）行政学视域下的政府责任。自从行政学作为一门独立的学科从政治学中分离出来之后，效率就成为行政学始终追求的价值目标，这为政府责任注入了新的内涵，即政府对公共权力的运用必须是科学的和有效率的，这样才能保证公共利益的实现。而实现这种责任目标的一个最重要的途径就是严格且有效的层级管理。具体而言，公共行政意义上的政府责任，一方面，体现为管理行为的效率化，服务对象的满意度，制度体制的合理性，决策、组织结构的科学性，以及执行的有效性；另一方面，体现于政府系统内部上下级行政机关、领导及职务之间应当遵守法定的权限，不能越权行事。在层级控制体系中，对上有服从和监督的义务和权利，对下有管理和监督的权力和义务。这也是人们通常所说的狭义上的行政责任。

在现代民主国家，政府责任的内容往往是上述四个责任层面的集合与交叉，但必须强调的是，它们在基本意义、责任对象、责任范围、承担原则、承担方式等方面却不尽相同。

---

① 王行宇：《我国实现责任政府的理念转变与制度保证》，《云南社会科学》2004 年第 1 期。

② 张成福：《责任政府论》，《中国人民大学学报》2000 年第 2 期。

③ 张贤明在《论政治责任》一书中将“政治责任”定义为：政治官员履行制定符合民意的公共政策，推动符合民意的公共政策执行的职责，以及没有履行好这些职责时所应承担的谴责和制裁。前者是积极意义的政治责任，后者是消极意义上的政治责任。他认为，这两者必须结合，且要把握两者之间的中间环节：由谁来评价积极责任的履行和应当由谁来承担消极意义的责任，是区分民主政治与专制政治的重要标志，它决定政治责任的指向也决定着政治责任是否能够真正实现。张贤明：《论政治责任——民主理论的一个视角》，长春：吉林大学出版社，2000 年，第 22 ~ 25 页。

2. 政府责任的其他分类方法

根据性质、特点、属性的不同，我们还可以对政府责任进行以下分类：

(1) 主观责任与客观责任。库珀（Terry L. Cooper）曾在其著作中按政府责任的形态将其划分为主观责任和客观责任。① 国内学者张成福则进一步指出，主观责任意是行政者自身对责任的感受，强调我们之所以去做某事，乃是源于内在的驱动力。客观责任是指由法律规定的、以及上级交付的客观应尽的义务责任，其来自于对法律的负责；对组织规划、政策和标准的负责；对服务于公共利益的义务。② 还有一些观点认为，主观责任是指道德责任；客观责任包括政治责任、行政责任和法律责任。实际上就形态而言，上述四种责任都具有主观和客观的两个层面，二者的区别主要在于驱动力来源的不同。

(2) 积极责任与消极责任。按性质划分，政府责任可以分为积极责任和消极责任。积极责任实际上是一种肯定性的角色定位，是指政府及其行政人员应当积极履行与其权力相联系的职能和义务。它的实现在很大程度上有赖于政府及其行政人员对责任的认识和自我控制。消极责任则是指因没有履行角色义务或违反法定义务而行使职权时所应承担的不利后果或强制性义务。这种责任与违法相联系，意味着国家对政府机关及其工作人员违法违规行为的否定性反应和谴责。它的实现有赖于一套有效的控制和制裁机制。

(3) 组织责任与个人责任。根据责任主体的不同，政府责任又可分为组织责任与个人责任。其中组织责任即是指行政机关应承担的职责，以及违背或未履行这种职责时所应承担的消极责任，具体而言包括两个方面：一方面，行政机关要对行政权力的授予者，即国家权力机关负责，接受其监督，并为其行为承担责任后果；另一方面，组织责任还意指政府内部各级行政机关的责任及相互关系的总和，包括在纵向结构上，下级政府机关或部门应对上级政府机关和本级政府负责，以及横向结构上，同级行政机关要承担起相互配合与合作的责任。③ 个人责任是指政府行政人员的在其职权范围内的岗位职责，以及为否定性后果所承担的消极责任，又可分为一般公务员的责任和官员责任。当然，在行政体系中的组织和个人，是两个既相互联系又相互区别的事物，在政府责

① Terry L. Cooper, *The Responsible Administrators: An Approach to Ethics for the Administrative Role*, Jossey-Bass Inc. Publishers, 2001. 62.

② 张成福、党秀云：《公共管理学》，北京：中国人民大学出版社，2001 年，第 324 页。

③ 李汪洋、顾爱华：《论中国行政责任制度体系》，《中国行政管理》2000 年第 9 期。

任中，组织责任和个人责任常常混淆在一起，难以截然分开。

2.1.3 政府责任的现实困惑

政府责任的承担与实现不具有自觉性，在公共权力的行使过程中，如果缺乏刚性的制度保障和维护，政府责任往往会被忽视甚至歪曲。这可以解释为什么尽管道德具有渗透一切领域的巨大张力，却几乎无一例外地被期望转化为一种制度或规则，以便能够对公共领域产生更加持续和广泛的影响。

通常，一种观念在获得人们主观上的普遍认同后，会通过习俗、舆论、信念等方式得以传承，但这种方式是柔性的，并不具有强制性。对于那些肆意或无意中践踏这种“认同”的人，除了借助精神上的压力（或者至多是道德与价值观念上的谴责和唾弃）之外，对于强制其如何作为或不作为，抽象的“观念”显然是无能为力的。

因此，公共权力在运行过程中，与其本质（公共性）相分离，进而被局部化甚至私人化（即被某一阶级甚至个人所占有）的现象时有发生，这必然要求公共权力受到严格的刚性制约。正如狄马克（Marshall E. Dimock）所言，“如果行政者是来自一个尊重公共利益和诚实的社会环境，则他们大多数必然是有公益心和诚实感的，假如缺乏这种环境背景，那就难以对他们做这种期望。”① 更何况，公共行政是一个受市场调节程度不高的领域（如终身雇员制），难以形成足够的竞争力推动责任意识与职业道德的形成。加之政府责任的承担者是拥有强大的公共权力、占有大量公共资源的政府部门，在与其他社会主体的关系中往往处于绝对强势，“公共权力的增长，一方面无疑会增强政府的权能，运用恰当的话，可以造福于民，但是另一方面若这些特性发展得过度，那又会造成政府的擅权跋扈，危害到民主政府的前途。”② 因此，要制约公共权力的扩张，就应当在授予权力的同时委以相应的责任，这势必对约束其承担责任的监督力量提出了更高的要求。

相比之下，制度作为一种有组织保障和固定程序的刚性力量，理论上可以解决责任观念在实现过程中产生的上述困境。制度是用于共同体内的、众所周知的、由人创立的规则，它们抑制着人类交往中可能出现的机会主义行为，并

---

① Marshall E, Dimock. *Public administration*, New York: CBS College Pub., 1983. 403.

② 张成福、党秀云：《公共管理学》，北京：中国人民大学出版社，2001 年，第 325 页。

无例外地对违规行为施加某些惩罚。① 制度一旦被制订、颁布并生效，就会成为一种外在于人的言行和内心世界的客观存在，并往往以强大的物化力量（如武装机构、权力部门等）为支撑和后盾，个人可以不赞同它，但通常不可以反抗它。因为违抗和破坏的结果将不只是舆论的谴责，更可能是物质利益、自由甚至生命的被剥夺。制度的这种特性，使得一定的观念和原则能够依靠刚性权力，强制性地转化为规范加以推广，并要求人们普遍遵守。

从另一个角度来说，制度之所以被设计出来是因为人们发现，个体理性往往可能导致集体的非理性。解决这种冲突的办法不是否认个人理性，而是设计一种制度，在一定程度上满足个人理性的前提下，达成集体理性。制度的价值就在于提供一种可以普遍遵循的规则，它告诉人们可以做什么，不可以做什么，并进一步提示人们应该怎么做。因此恰当的制度有助于限制和消除冲突，促进人们之间的理性合作，降低复杂系统中的协调成本，进而从根本上保护个人的自由领域。

因此，制度之于政治事务的价值在于，较之任何个体的雇员的奉献，制度的长期奉献会更加可靠，并由此构建着相互信任。例如，对于金融市场的可信度而言，赋予中央银行以抑制通货膨胀的职责，远比将这一任务指派给一位其任职时间不会超过下次选举的当选政治家要高明得多。② 如前所述，政府责任的实现一方面取决于一个社会的政治气候和公职人员的态度与修养，但更多的要依赖系统、完整的制度来促使和加强政府责任的实现。

2.2 行政问责：政府责任的实现机制

世界各国的行政实践表明，行政问责制是建立责任政府的重要途径，其运行价值在于通过对政府责任的制度化约束与追究，实现政府积极责任和主观责任的常态化与程序化，同时通过对不履行法定行政义务或未承担法定责任的行政机关及其公务人员进行的质询和追究，实现政府责任理念的落实和公共权力的合法运行。这也是行政问责作为一种民主诉求和政治制度产生的理论依据与

① North. D. C. , *Institutions*, *Institutional Change and Economic Performance*, Cambridge: Cambridge University Press, 1990. 3.

② Rod Hague, Martin Harrop, *Comparative Government and Politics*: *An Introduction* (*6th Ed.*), New York: Palgrave Macmillan, 2004. 101.

现实根源。基于此种分析，笔者将行政问责制界定为对政府责任进行全面追究的监督机制。

2.2.1 行政问责的制度内涵

关于行政问责制的内涵，学界已经开始了探索性的研究。有学者认为，所谓“问责制”，是指对政府及其官员的一切行为和后果都必须而且能够追究责任的制度，其实质是通过各种形式的责任约束机制，限制和规范政府权力与官员行为，最终达到权为民所用的目的。① 我国学者毛寿龙认为：就形态来说，问责制主要有两种，一是行政性问责，一是程序性问责。前者的依据是行政性的。每一个官员的责任比较模糊，缺乏明确的法律依据，问责往往取决于领导人的意志。……程序性问责的依据都是法律性的。每一个官员的责任都非常明确，都有充分的法律依据，是不是被问责，不取决于临时性的行政决策。行政性问责往往是责任政府运作的开始，但要使责任政府稳定而有效地运转，就需要进一步走向程序性问责。②

基于此，行政问责制度被认为具备了更加深刻的民主含义和政治意蕴。在结构设计和运行程序上，行政问责制表现为监督主体通过“问责”这样一种法制化的手段，对政府及其公务人员的行为进行监督。尽管它更多地表现为一种事后监督手段③，但其实质内涵已经超出了传统行政监督的视野，实现了从理念到操作的进步。在国家治理结构的设计上，行政问责的制度诉求意味着宪法和法律是政府及其行政人员施政的准绳；公民的权利与义务受政府的切实保障，公民的理性需求得到有效回应；政府为其渎职、失职与违法行为承担相应责任；受政府及其行政人员公务行为损害的公民，有权获得补偿或赔偿。④

可见，构建行政问责制度除了要求政府及其公务人员的行为必须符合相关的法律规定外，还要求政府时刻考虑公众利益和福祉，对权力机关、政党组

① 梁妍慧：《问责制——深化党政领导干部监督管理的重要一环》，《中国党政干部论坛》2004年第9期。

② 毛寿龙：《行政性问责与程序性问责》，《决策咨询》，2004年第8期。

③ 按监督的时间阶段划分，行政监督分为事前监督、事中监督和事后监督。事后监督是在行政行为实施终结后进行的监督，是对行政行为后果进行评价、审定，并做出相应处理。参见夏书章：《行政管理学》，北京：高等教育出版社，广州：中山大学出版社，2004年，第294页。在这个意义上，行政问责属于事后监督。

④ 陈国权：《论责任政府及其实现过程中的监督作用》，《浙江大学学报》（人文社会科学版）2001年第2期。

织、社团组织以及公众负责。更重要的是，它要求政府及其公务人员必须对其行政决策的目的、依据、结果以及运行程序做出合理的说明和解释。这也是行政问责制度对于行政改革和政治发展的最为直接的价值补充。

2.2.2 行政问责的制度价值

自工业革命以后，整个人类社会就变成了一个有组织的社会。官僚体制作为工业社会和后工业时代的一种最为基本和有效的公共组织体制，在没有出现另外一种新的组织模式之前，它的一些基本的价值理念，诸如制度严格、权责明确、合理合法的权力来源以及层级体制等，作为维护政治和社会秩序的行政工具，依然会发挥巨大的现实影响。时至今日，一切政府改革的要求和呼吁，都是建立在对传统官僚体制的部分继承与部分批判基础之上。现实的问题是，如何对传统的官僚体制进行改良，使之适应新的时代需要，更加具有社会效率性、责任性和回应性。行政问责制度通过对政府责任全面、严格的定位与追究，能够有效的修正传统官僚体制中责任链条的模糊甚至断裂，进而对整个官僚系统产生积极、深远的改良作用。

首先，行政问责要求政府承担全面责任，即不仅要承担行政责任和法律责任，更要承担政治责任和道德责任。这对于官僚体系在运行上的持久性和合法性起到了根本上的保障作用。第二，行政问责要求责任与权力挂钩，即有多大的权力就承担多大的责任。正如孟德斯鸠（Charles de Montesquieu）所言，“一切有权力的人都容易滥用权力，这是一条万古不易的经验。有权力的人们使用权力一直到遇有界限的地方才休止。”① 行政问责制度将关注点锁定于对权力的监督，这在理论上可以避免传统官僚体系中存在的责任的间接性与断裂性，及其导致的责任划分模糊不清甚至权力寻租与腐败的困境。第三，行政问责制度不仅包括对于失范行为的纠正和惩罚，还包括对于不作为或作为不力的行为进行监督和追究。这种责任机制倡导和推进了官僚组织内的创新意识、效率和成本意识。这是传统官僚行政中消极懈怠、“不求有功，但求无过”等思想的极大克星。第四，行政问责运行方式的多向性，即不同问责主体的互动运行，致力于构建一种更为契约化和更具参与性的责任关系，摒弃了传统官僚体系中单一的绝对服从的责任原则，突破了传统官僚体系封闭性的束缚，更加符

---

① Charles de Montesquieu, *The Spirit of the Laws*, Cambridge: Cambridge University Press, 1989. 9.

合公共行政的运行规律。第五，行政问责制度中引入了道德变量，致力于从内而外的实现行政组织生命力的持续性，进而有效的修正在传统官僚体系中将行政人员视为是没有个人主张和思想的“机器配件”的观念。

总之，行政问责制度的现实效应和制度价值在于，它可以在一定程度上促使政府及其公务人员更负责、更科学的行使手中的公共权力，从而在根本上保证执政为民的权力初衷。只有当行政问责制度作为一种监督手段，在政府活动过程中无时不在、无处不在时，才有可能及时发现行政行为中出现的偏差、失误和问题，并及时做出相应处理，同时起到一种预警作用，进而防止类似的问题和过失的重复发生。

2.2.3 行政问责的制度功能

任何一项制度均具备特定的制度功能，这也是其发生与存在的现实基础。行政问责制度作为政府责任的实现机制，其主体、客体以及责任内涵的广泛性，决定了其功能的复合性。具体而言，行政问责的制度功能包括：

1. 惩罚功能

与问责联系最紧密的第一个要素是惩罚或制裁。在惩罚与奖励两种最基本的激励机制中，问责通常会倾向于选择前者①，并依靠惩罚得以贯彻。贝恩（Robert Behn）认为，“那些我们希望能予以问责的对象十分清楚问责的含义：问责即意味着惩罚。”② 没有强制性惩罚措施的问责是无用的。行政问责制度通过使政府机关及其行政人员承担否定性的后果，使行政失范、滥用公共权力、损害公众利益以及破坏公共秩序的行政部门或行政人员得到相应的惩罚。

2. 补救功能

行政失范行为必然产生一定的否定性后果，损害相关部门、组织及个人的权利。行政问责制通过阻止、矫正和追究行政失范与违法行为，恢复被侵犯的行政、政治和社会秩序，并责令责任者赔偿失范行为造成的损失，恢复受侵害方的权利，从而实现其对于公共秩序与政府责任的补救性功能。换言之，政府

---

① World Bank Experts Group, *Social Accountability in the Public Sector: a Conceptual Discussion and Learning Module* , New York: The International Bank for Reconstruction and Development & The World Bank, 2005. 23.

② World Bank Experts Group, *Social Accountability in the Public Sector: a Conceptual Discussion and Learning Module* , New York: The International Bank for Reconstruction and Development & The World Bank, 2005. 8.

通过行政问责制度中的多种责任追究方式，一方面对行为失范者予以追究；另一方面更要对利益受损方进行补偿。

3. 预防功能

行政问责通过对行政失范与违法的个体和组织的惩罚，教育其本人乃至其他行政人员以后不再实施类似的行为，遵守共同的行为规则与契约，预防行政失范行为的继续和反复发生。例如，对公务人员的失职行为进行惩罚，其目的是预防类似失范行为的发生，并警示其他行政人员。

4. 维护功能

维护功能是行政问责制度的又一项基本功能，它通过对行政失范行为主体的惩罚和教育，从根源上起到了维护秩序的功能。这种功能既表现在维护行政和政治秩序上，也表现在维护法的尊严与社会秩序上。在这个意义上，行政问责既是对行政权力运用的一种制约和监督，也是对应然的政治、法治和社会秩序的一种修复。

2.2.4 行政问责的制度原则

尽管各国行政问责制度的设计思路与构建模式千差万别，却都有着若干趋同的理念原则和价值诉求。所谓行政问责的制度原则是指在追究责任时所应遵循的宏观价值取向，而且一经确定即成为追究责任的基本指针，不容侵犯和随意变更。

1. 权责统一原则

权责统一理念强调政府及其公务人员行使多大的权力，就要承担多大的责任。任何一项行政行为，都应有其明确的直接和间接责任人，并务必避免“有责无权”或“有权无责”等权力运行的失范现象。只有在权责统一的情况下，才能保证行政权力沿着合理预期的轨迹运行。

公共权力的大小在行政机关中往往体现于职位的高低，因此，权责统一原则往往集中体现在担任职务与承担责任的统一，即通常所说的职责的承担和实现。但事实上，职责（accountability）与责任（responsibility），无论在内涵上，还是在评价体系上，都存在着一定的差别。职责往往是个人或组织由于一定的社会和政治身份而被赋予的外加责任，不同的身份、职位等决定了在其位的个人或组织所应承担的具体责任。政府责任在内涵上不仅包括职责的要义，还涉及了（职业）道德诉求、政治合法性以及一般意义上的法律约束等原则。因此，一个不称职（即违背了职责）的公务人员，他通常要承担责任的否定性后果，但在有些情况下，一些公务人员的行为也许以职责标准来衡量是无咎可查的，但却可能要承担职责以外的其他责任。基于这种分析，行政问责制度所遵循的权责统一原则，应该体现为公共权力与政府责任的统一，而不仅仅是指职权与职责的统一。

2. 全面追究原则

在行政问责制中，各个层面的责任追究与承担是彼此独立的，即行政行为失范的政府部门或公务人员可能会同时承担政治责任、法律责任、行政责任和道德责任中的多项责任。其中，行政责任和法律责任只要满足制度和法规预先设定的条件与要件，即可以依据相关规定进行追究；政治责任和道德责任则是依据民主内涵和社会公众的认可与接受程度等多种因素而形成的责任标准来加以判定，尽管这两种责任的内涵常常处于一种界限上的模糊状态，但这并不影响它们存在价值与追究意义。

全面追究原则的价值一方面在于，它可以避免问责客体以承担某一层面的责任为籍口，逃避其他层面责任的追究。如行政官员由于特定原因而被罢免，但这并不意味着问责的终结，有关部门应对其在行政责任及法律责任层面上的失范行为进行调查，如有违背现象，应另行追究。另一方面，全面追究原则理论上还可以解决一个问题：一些公务人员的过失行为也许在现行法律和制度框架内是没有责任与纰漏的，现有制度也不足以对其施以有效的惩戒和制裁，但在行政道德层面上却是难辞其咎的。

3. 平等公开原则

平等原则是“法律面前人人平等”的宪法原则在行政问责制度过程中的具体体现。其基本要求包括：一是对所有问责客体都必须问责，不能因人而异。政府系统内存在很多的不同层级，并相应地体现为政府组成单位以及人员的层级差异，在问责时不能因为级别不同而存在不平等对待问题；二是对所有的问责主体来讲也是平等的。上级行政机关及其领导有权问责，下级行政机关同样有权问责；行政机关可以问责本行政机关及其人员，其他权力主体也有权问责行政机关及其人员；权力机关有权问责，非权力机关，即公民、新闻舆论、第三组织也有权问责，而且他们的问责同样应被重视。①

公开是问责制建立和完善必须遵循的又一基本原则，包括以下内容：一是

① 周亚越：《行政问责制研究》，北京：中国检察出版社，2006年，第43页。

公开权责分配的信息，尤其是要公开行政官员的职务与责任，及相互之间的权责关系；二是公开决策相关信息，包括决策前的论证与咨询、政策制定过程和决策执行效果等都应该向社会公开，并接受问责；三是整个问责程序本身也必须公开，质询、罢免、听证、调查等程序都必须向社会公布，以及问责对象的否定性后果和问责制裁决定都必须公开。

4. 合理合法原则

行政问责制的合理合法原则包括三个层面的内涵：首先是问责行为和程序必须是符合特定地区行政改革和现实需求的。这是任何一项制度产生和发展的必要条件，同时也可以解释为什么不同国家和地区问责制度建立的时间和发展的程度各有不同。

其次是问责行为和程序应该与既有的相关制度之间具有兼容性。如何减少因内部磨合和妥协产生的内耗，增强制度之间的兼容性，一直是影响制度效应的重要问题。任何改革都不可能是一张白纸，也没有哪一项制度可以脱离其生态环境而独立发生作用，因此行政问责制度必须能够与既有的制度基础以及相关的其他制度协同运作，或者至少不存在冲突和矛盾。

最后，合理合法原则的内涵还包括，如果涉及政治问责层面的改革，还需要遵循合宪性原则。即制度设计和行为过程是否符合宪制精神，是否具备政治上的合法性。①

2.3 官员问责：行政问责的核心机制

官员问责制是行政问责制度体系的核心组成部分，是指当行政官员未能认真履行自己的职责，或在履行职责的过程中滥用行政权力、违反法定职责和义务，在工作中造成重大失误和损失时，由特定主体追究其责任，令其承担否定

① 例如《香港特别行政区基本法》规定了香港回归后的政治体制的基本结构、性质特点和发展改革的基本蓝图，是香港宪制精神的标尺，因此香港主要官员问责制度在设计过程中，是否符合《基本法》就成为其核心原则之一。

性后果的一种责任追究制度。① 尽管在不同的制度规范中，关于官员，尤其是高层官员的范畴会有不同的界定，但不可否认的是，对其进行问责必然是行政问责中最复杂、最核心的机制。

2.3.1 政府官员：问责核心与技术难点

众所周知，人是组织中最多变的因素，较之组织责任的追究，个体责任本身就相对复杂，而政府官员又是政府组织中最特殊的个体，因此对其进行问责必然更具难度。

1. 核心地位使政府官员成为问责关键

现代政府的行政机关都有一批居于或接近顶层的政治官员，他们从事的是由行政各部和机构领导指定的非专业性工作，并且参与顶层的行政管理。② 国家行政管理的质量在很大程度上依赖于这些政治官员。依法治国的关键是依法行政，责任政治的关键也必须将问责对象锁定行政部门的高官。③ 所谓"纲举目张"，锁定了高层官员，就抓住了责任体系中最关键的环节，因此，政府官员，尤其是高级官员必须承担起最主要的政府责任，因为他们工作中的许多因素和行为都可能导致对公共利益的曲解，引发广泛的腐败与破坏行为。

在行政问责制度的研究中，有些学者甚至直接将行政问责制度等同于对官员的问责过程。如《公共行政实用辞典》于1985年提出了"行政问责"（administration accountability）的概念，并将问责的范围界定为"由法律或组织授权的高官，必须对其组织职位范围内的行为或其社会范围内的行为接受质问、承担责任"。④ 世界银行专家组也将行政问责定义为："通过它，政府官员要就其行政决策、行政行为和行政结果进行解释和正确性的辩护，并据此接受失责

① 关于官员问责制的界定，目前在中国内地实践操作领域亦尚未达成共识。比较具有代表性的是《重庆市政府部门行政首长问责暂行办法》对行政首长问责制的界定：指市人民政府对所属各部门行政首长不履行或不正确履行法定职责，致使其领导的机关（系统）政令不畅、秩序混乱、效能低下，损害公共利益或行政管理相对人合法权益的行为，或行政首长举止不端，在社会上造成不良影响的行为，依照本办法予以过问并追究责任的制度。这个概念包含了问责主体、问责内容等基本要素，是一个相对完整的模式，因此很多地方政府的问责法规都套用或借鉴了这个定义。

② Patrica W. Ingraham, "Building Bridges or Burning Them? The President, the Appointees, and the Bureaucracy", *Public Administration Review*, 1987 (47): 425～435.

③ 张贤明：《官员问责的政治逻辑、制度建构与路径选择》，《学习与探索》2005年第2期。

④ Jay M. Shafritz, *The Facts on File Dictionary of Public Administration* , New York: Facts On File Publication, 1985. 68.

的惩罚。”① 政府官员在行政问责客体中的核心地位可见一斑。

2. 承担重责使官员问责过程异常复杂

尽管从政府责任体系来看，所有政府公务人员都要承担一系列相应的责任，但相比之下，政府官员，尤其是高层官员承担的责任要比一般行政人员复杂得多：首先，相当一部分政府官员承担着一定的政治责任，政治责任是指那些选举产生的政党领袖及政府官员对选民的责任，这是行政问责体系中最为复杂的责任层次，不仅因为其主体的广泛性，更因为政治问责的发展往往与现代责任政府的构建进程紧密相连；第二，政府官员承担着更重大的道德责任，他们往往应是社会精英的代表和道德表率。这可以解释为什么在西方国家，政府官员倘若存在如吸毒、逃避兵役、性丑闻等有悖社会公德的行为，将很有可能导致引咎辞职。

3. 职责性质增加了对官员问责的技术难度

推行官员问责制度是为了使掌握重权的政府官员对其行政行为负责，但初衷的明确性并不会减少制度技术上的难度，这主要体现在两个方面：一是由于政府官员工作内容很少是具体性的，而多具宏观性和战略性，如制度设计、公共决策、形势研判、选拔人才等，在很多情况下要依赖官员自己的理性判断，并正确运用其被授予的自由裁量权。而这类行政行为及其绩效因缺乏精确的评价标准，正是行政问责和政府绩效管理中最难以量化的操作环节；二是政府官员往往是政治任命，或者至少有一定的任期限制，这就造成了一种令人不适的关系：他们要么创立一些自己无法熬到成功的事业，或为获得名誉而进行短期冒险。② 这种任期与政绩之间的尴尬关系，使得对政府官员的问责与监督失去了一个适宜的现实基点。

2.3.2 官员问责制度的通用程序

官员问责制度不仅是一种单纯的技术设计，更是一种弹性结构和动态的运作体系。这种程序设计应然地包括失范行为的发现、责任的解释、责任的评估、责任的追究，以及问责的救济五个运行环节，这些运行基点构成了官员问

① World Bank Experts Group, *Social Accountability in the Public Sector: a Conceptual Discussion and Learning Module*, New York: The International Bank for Reconstruction and Development & The World Bank, 2005. 13.

② James W. Fesler, Donald F. Kettl, *The Politics of the Administrative Process*, New York: Chatham House Publishers, 1996. 236.

责的制度模型。

1. 官员失范行为的发现

发现问题是解决问题的一个最基本的前提。在官员问责制度中，首要的程序性环节是对责任主体有无行政失范的事实，以及是否需要启动问责机制的判断。这是运行问责制的首要前提条件和关键环节。并非所有的官员失范行为都需要通过问责机制来追究责任，同时问责又不能仅仅局限于重大决策失误或伤亡事故的责任追究上，而更应该包括官员的一些隐性失职、决策不当、用人失察和其他一些领域的“延时”了的问题和失误。

责任失范问题的发现有赖于常态化的责任监督机制，其有效性需要三个保障：一是一套科学、精确的责任标准体系。有了这个“责任坐标系”，任何行政失范行为都可以放在其中，成为坐标系中可见的而不是抽象的一个点，并以具体化的指标或参数体现出来，从而准确、有效地认定该行为是否列属于行政失范行为，以及是否需要启动问责机制；二是广泛的参与主体。政府官员行为所涉及的是管理行为中最为复杂和难以把握的领域。行政领导的个人精力和权力所及，在复杂的公共行政活动中往往显得微不足道。因此广泛的参与和论证理应成为判断官员行为的重要手段；三是一系列完整且相对独立的问责监督机构，可以是权力机关、专门监督机构或是政治团体等，甚至是专门的问责机构，同时必须具备两个条件，即这个机关必须以监督政府行为，尤其是行政官员的行为做为自己的核心使命之一，此外最关键的是，其监督行为不能受到其他外部力量的干扰和阻挠。

2. 官员责任的解释

即使在理论上责任的划分已经明确，但静态的标准和规范在实际运行中并不能自动产生一个评价体系。行政官员是否依法行政，有无失范、越权、缺位行为以及行政行为是否达到了预期目标，都是单纯依赖静态的标准体系所无法解决的。因此在问责制度进入操作性层面以后，必须要解决的问题就是标准、原则以及政策制度的适用与执行。具体而言，就是要结合宏观的制度原则与中观的地方和部门法规制度，对所发生的具体行政失范行为的责任进行科学、合理的解释，认定在当时的状况下，应当如何运用和推行相关的制度法规，进而形成该次问责运行的主要依据。

责任的解释通常是一个“三段论式”的推理过程：以法律、法规和政策规定的内容为大前提，需要问责的事项作为小前提，进而共同得出处理结果。

由于大前提往往是宏观性的、原则性的甚至是模糊的，相关人员必须根据特定情况下特定责任事件的性质和状况，对相关的法律法规做出理解和诠释，并对官员行为产生失范现象的责任性质进行诊断。

事实上在司法领域，法律解释是其日常实践工作中的重要环节。法律的执行和解释是关系密切、不可分割的。但一直以来，“解释”的价值被排除在行政领域之外，这个误解在很大程度上导致了一个奇怪的现象：相关的制度法规不断完善，但行政失范行为却依然屡禁不止，甚至层出不穷。根源就在于对某一项制度缺乏科学统一的“解释”程序，不同的官员与执行人员对同一项制度或政策往往持有不同的理解和定性，导致责任的追究和处理结果五花八门甚至大相径庭。当然不可否认的是，责任的解释过程也可能导致少数相关人员对制度和法规进行篡改和歪曲，从而使其演变成为实现本部门、本地区意愿的工具。这就对相关人员的职业素质提出了较高要求：他们不仅应当具备较高的专业素质和道德品质，而且在了解政策法规制定目的的同时，更应当具有相应的政治素养，准确把握相关的政治、经济、社会和公共利益等因素，尽量保证解释和执行的公正有效。

3. 官员责任的评估

在责任解释提供了具体的、可操作性的责任依据之后，即要将其应用于特定责任事件中，对官员失范行为进行具体化的责任评估，这种评估通常要针对决策、执行过程和执行效果三个环节。

在权力运行的各个阶段，都存在着失范与失效的可能。其中决策失误的后果往往是最为严重，同时又是最难以追究责任的。因为大多数公共政策都具有效应的滞后性，需要经历一段较长的时间，失误决策的消极效应才会体现出来。此时，最初的决策者很可能已经不在原位，或是升迁调离，或是退休离任。在这种情况下，失误的决策往往成了一段“历史的教材”，仅供后人汲取经验教训，没有人也无法追究当初决策者的责任。因此，兑现官员责任，首先应在决策阶段把好关，凡制定重大决策时，必须产生相应的责任规程，不仅要落实到主要责任官员的个人身上，而且要建立相应的档案数据库，实现责任链条的技术化索引与跟踪。一旦发现公共政策的无效或失误，则可以根据有效的责任链条，追究相关决策者的决策责任，即使当时的决策者已经离任或是升迁，也应该进行相应的惩处。

对于行政执行过程的评估，主要是在行政官员贯彻执行某项政策或某种计划方案的过程中，全面检查各项工作的布置、落实、推进和完成情况，核实其基本内容，包括政策或计划方案是否及时、准确的得到传达和理解，各种具体实施方案或措施是否符合政策或计划要求，预定的阶段性目标和任务的完成情况是否与原计划相符，是否遇到某些工作困难或未预料到的问题，各级行政机关的工作是否得力，整体进展情况是否顺利，能否较圆满地完成预定计划、达到预定目标等等。①

对于行政官员执行效果的评估，是指在某项政策或计划方案实施一定阶段或完成某一过程时，对政策或计划效果进行的检查和评价。这是官员责任评估体系中的主体部分，通常涵盖两个方面的内容和目的：第一，判断资源（公共权力）是否得到了有效的利用并达到了预期目的。这是政府作为公共权力行使者的根本责任所在②；第二，确定行政执行效果的否定性之后，应对行政执行效果不佳的原因加以剖析，锁定责任事件的性质以及相关的直接和间接责任人，以备追究。

对于官员责任的评估机制有几点需要注意。首先在内容上，应当包括官员责任的事实标准和价值标准。事实标准主要是对公共政策和行政行为进行成本与效益的比较，政府可能具有的执行政策能力与政策执行中实际投入能力的比较等；价值标准主要是评估公共政策和政府行为对经济、社会、文化的协调发展以及社会公正的影响等。其次在性质上，要协调定性标准与定量标准的关系。凡能量化的指标尽量做到量化，难以量化的也要提出明确的质的要求，以增强考核的可操作性和可比较性。最后，应尽可能的涵盖政府责任的全部内涵，包括行政责任、政治责任、法律责任甚至道德责任。

4. 官员责任的追究

责任评估不是目的，要真正兑现政府官员的责任，必须依赖于有效的责任追究机制，即问责主体启动责任追究程序，并对责任者做出相应的惩罚，这才是官员问责的实质性核心阶段。其中，问责主体一般包括立法机关、司法机关、行政系统内部的上级机关或专门监督机构，以及包括媒体、公众等在内的

① 施礼明、Wallace · B · Crowston：《公共行政管理》，北京：中国人民大学出版社，2004 年，第 96 页。

② 需要强调的是，即使政策执行效果在数字指标的增长上令人十分满意，但如果没有符合预期标准，或是以巨额的经济或非经济代价为前提，那么从责任评估角度而言，该项政策依然是违背政府责任的，理应列属于行为失范的范围。

社会问责主体等，相应的对官员的政治（民主）责任、法律责任和行政责任等进行追究。

在运行机制上，对官员责任的追究应体现为相关的问责机关提出制裁议案并以法定程序讨论通过，进而做出正式的制裁决定，在送达被问责官员的同时告知其所享有的申诉权。最后，制裁决定还需入档，以备查用。

此外，责任追究不应是行政问责制度的目的所在。运行责任控制机制的目的是尽快纠正政府及其官员的失范行为，对由于行政失范行为而受到损害的个体或组织进行赔偿和补偿①，这也是问责制度运行的一个重要环节。包括了修正与赔（补）偿机制，问责程序才是完整和有效的，这也是整个官员问责制度价值实现的运行保障和践行归宿。

5. 问责的救济

官员问责的行政救济，是指由于问责不当或失范而造成对官员合法权益损害以及因合法行为造成损失时进行救济的制度总和。如果法律或制度赋予个人一项权利，但是当这项权利受到侵害之后，却没有任何的行政和司法保障，那么这种权利就是无效的。强调对问责官员的救济，是因为官员问责同其他政府行为一样，在运行过程中难免出现偏差和失误，因此，对问责失范的行政救济就显得十分必要，这也是约束公共权力、保障其依法行政的必然要求。

2.3.3 官员问责制度的运行模型

根据前述的步骤与环节，作者尝试性地提出了“官员问责制度的运行模型”（详见图1）。制度运行程序大致可以表述为：首先，相关问责机关依据职权或有关信息发现问题后，确定其是否属于行政失范行为，如果“是”则进入下一步操作，反之，则不运行问责程序。对于行政失范行为，还要根据相关的制度规范确定是否需要启动问责程序。认定有启动问责程序的必要性之后，应迅速予以立案。

在正式启动问责程序之后，首先要结合法律制度原则与地方和部门法规制度，对行政失范行为的责任进行科学、合理的说明，为该次问责运行提供主要依据。

在有了具体的、可操作性的责任依据之后，即可以针对官员失范行为的具

① 其中，对于政府及其公务人员的合法侵犯，采用国家补偿制度；对于政府及其公务人员的违法侵犯，采用国家赔偿制度。

体内容，进行责任评估。在评估方法上要求科学化和精确化，在内容上要求包括行政行为中的决策、执行以及行为结果三个环节。评估的结果应是落实到具体责任主体的责任承担或追究凭证，即明确应该追究的责任主体和责任内容。

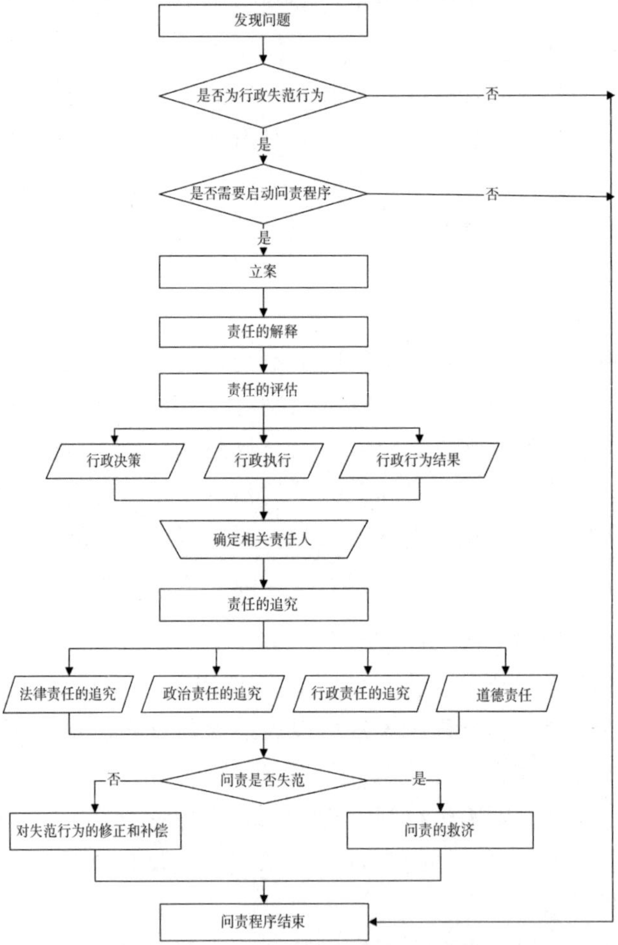

图 1：官员问责制度的运行模型

在明确责任追究的对象和内容之后，进入官员问责的实质性核心阶段——责任的追究。这一环节，在内容上要求覆盖行政官员的法律责任、行政责任、政治责任和道德责任，责任追究主体要求涉及立法机关、司法机关、行政机关以及专门监督机构等。

责任追究不应是行政问责制度的最终目的所在。修正行政失范行为，并对由于行政失范行为而受到损害的个体或组织进行赔偿或补偿，也是问责制度运行的一个重要环节。此外，还应对问责本身失范所导致的“不当问责”进行救济。至此，完成了官员问责制度的一个运行周期。

在问责制度的具体运行过程中，尚有几个需要注意的问题。一是保证问责的程序性。在某地区具体的问责制度模型中，任何一个环节都是不可逾越的，这也是从行政性问责向程序性问责转变的制度保障。切忌仅凭主观臆断，随意更改问责过程中的既定环节。二是保证问责的权威性。问责程序应由专门的或预先指定的问责机构启动。尤其是对责任的阐释、评估等技术性环节，都应建立在科学、全面、客观的调查取证基础之上，并由专业人员和固定的职能机构来操作和承担。三是保证问责的严谨性。在问责制度运行程序中，有若干次需要做出判断的环节。如所发现的问题是否属于行政失范行为、行政失范行为是否需要启动问责程序、问责程序本身是否存在不当和失范现象，以及在上述制度模型中无法体现出来的立法机关、司法机关和行政机关对责任进行判定和追究的环节，其判断依据必须是由专业人员或机构提供，而不能依赖行政性的指令和臆断。

第 3 章

问责制度设计思路的比较：本土自创与模仿移植

制度的设计思路主要有本土自创和模仿移植两大类。全球化的今天，任何制度变迁已不可能是绝对的自创或移植，而必定是二者的混合体。每个国家或地区在进行制度变迁和设计的过程中，都要在自创和移植之间进行谨慎的考量和权衡，而制度设计成功的关键也正在于对两者的平衡和把握。

3.1 制度设计的两种思路

作为制度设计思路的两种最基本的选择，本土自创和模仿移植各自承载着不可替代的发展价值。不同的国家和地区在两者之间的选择与权衡，一方面缘于对自身发展基础与环境的深刻反思，另一方面则取决于对制度发展方向与变迁进程的准确定位。

3.1.1 本土自创与模仿移植概述

移植一词最初缘于法律研究，用于说明在不同地域空间法律发展的相关性。法律移植是“一条规则或一种法律制度自一国向另一国，或者一个民族向另一个民族的迁移（moving）”①，是“在一种法律环境中发展的法秩序在与此不同的法律环境中有意识地得到实施的现象”②。从 20 世纪五六十年代开始，政治学、经济学和社会学等领域的发展研究逐渐被后来所谓的“发展主

① Alan Watson. *Legal Transplants*, *An Approach to Comparative Law* (*2nd Ed.*), Athens and London: The University of Georgia Press, 1993. 21.

② Kheinstein. M, “Types of Reception”, *Annales*, 1990 (5): 30 ~ 39.

义”（*developmentalism*）① 所主导，这是移植理念向外延扩展和渗透的最初载体。

迨至20世纪70年代，关于本土或内生发展模式的思想占领了第三世界各地。人们对早先从西方引进的发展模式在非西方环境下不能很好地起作用感到失望，因而非西方国家被如下想法吸引：以本身既有的和最近重新发现的价值与制度为基础，构建自己的政治、经济和社会组织系统，而不是盲目地、缓慢地模仿西方。② 到了七八十年代，内生发展理论在第三世界知识分子中已经非常流行，它提供了一项替代在他们那里常常发生功能障碍的西方模式的方案。有一种观点越来越肯定：虽然西方学者对发展中国家发展的理论研究及某些政策设计有其合理的成分，但从总体来说存在主观性与片面性。发展中国家与发达国家走向现代化的内部与外部条件不同，每个发展中国家和地区又有其特殊的矛盾和问题，单靠西方的发展理论无法解决它们的发展问题，必须从发展中国家和地区自身的现实出发，根据其特殊性提出相应的发展战略和政策建议，才能有效地推动发展实践。

制度的模仿移植和本土自创正是在前述发展理论的演变下，逐渐形成的有关制度变迁的两种基本观念和方式。制度移植是指一个国家或地区有选择地取舍同时代其他国家或地区的部分制度，作为本国或本地区制度体系的核心组成要素，以弥补其某些制度缺陷的现象。制度移植是制度变迁和发展的重要手段，当本国家或地区的传统资源中没有适宜改造利用的旧制度，而其他国家或地区已有的制度经过改造可以用来满足本社会对新制度的需求时，移植外来规则就是制度变迁的适当方式。制度虽然也是一种稀缺资源，但移植先进制度并不受类似技术专利的限制，亦无需购买。

但制度作为一种公共物品，又常常具有非常显著的“生态性”。“从某一个国家的行政环境归纳出来的概念，不能够立刻予以普遍化，或被应用到另一个环境的行政管理上去。一个理论是否适用于另一个不同的场合，必须先把那

---

① 有关发展主义模式的概要性评论，可以参见以下专著：Howard J. Wiarda，*Introduction to Comparative Politics* ，Belmont，CA：Wadsworth Publishing，1993；Irene Gendzier，*Managing Political Change*：*Social Scientists and the Third World* ，Boulder，CO：Westview Press，1985.

② Howard J. Wiarda，*Non-Western Theories of Development*：*Regional Norms Versus Global Trends* ，Wadsworth Pub Co. 1998. 1 ~2.

个特殊场合加以研究之后才可以判定。”① 换言之，制度的移植要比技术方法等的借鉴复杂得多，往往需要更为苛刻的前提条件。从这个角度分析，借鉴别国的制度模式理论上似乎可以降低制度设计的成本，然而舶来品与本国或本地区制度、文化、社会惯例等生态环境的兼容，及其产生的磨合成本，往往会对制度效益产生更大的影响。因此，在制度变迁与设计过程中，对本土自创和模仿移植的选择倾向性，取决于该项制度的要素构成、运作条件和外部环境等。其中，强调制度的要素构成，是考虑到拟改进或设计的制度，其构成要素本身的性质是否具备可移植的内在属性；制度的运作条件，是强调制度的结构、相关技术和原则理念等必须与本国家或地区的其他相关因素相符合和协调；制度的外部环境条件，则更多是考虑制度赖以存在的外部条件是否允许制度的模仿移植，抑或更适宜本土自创。

3.1.2 导致不同选择的要素分析

总体而言，中国内地的问责制度明显倾向于选择本土自创的设计理念，而香港的主要官员问责制度则体现了比较明显的模仿和移植的思维。这种发展轨迹的不同选择，主要是由问责制度本身的特征，以及两地的制度基础与改革生态决定的。

1. 不同的制度基础

西方国家问责制度基础主要包括三个方面：首先是公务员的分类机制。在西方国家，“公务员分政务类公务员和业务类公务员，即政务官和事务官，政务类公务员实行任期制，由民选产生或由政府首脑任用，负责政党政策在政府工作中的贯彻执行；业务类公务员实行常任制，多数通过考试录用，负责执行政府的日常业务。”② 问责的主要对象是政务官，尤其是较高级别的政务官。其次是官员的产生机制。西方国家的政务官是通过民主选举或政治任命产生的，“官员来自社会，哪怕是总统，只要一下台就与普通百姓没什么两样，西方官员引咎辞职自然是回到社会中去，这没什么难的。”③ 因此当其面临辞职的压力时，自愿“引咎辞职”的可能性很大。第三是官员的监督机制。多数

① Robert A. Dahl, “The Science of Public Administration: Three Problems”, *Classics of Public Administration*, 1947 (6): 124 ~ 133.

② 范逢春：《比较行政学》，成都：四川人民出版社，2003 年，第 344 页。

③ 邓大宏：《引咎辞职尚有制度漏洞需弥补》，中国商报，2004 年 4 月 27 日。

西方国家确立了“三权分立、权力制衡”的政治架构，官员一旦出现失职或失当行为，足以影响公众对其的政治信任时，立法机关有权提起弹劾、质询或不信任案等方式追究责任，甚至迫使官员引咎辞职。此外，在西方，大众传媒、公众舆论①和政党制度也相对发达和成熟，广泛的社会监督保证了官员问责的有效实施。

香港特别行政区在“九七”回归后已经部分具备了上述三个方面的制度基础或雏形。具体而言，首先，香港在推行主要官员问责制度的同时，将问责官员列为政治任命的政务官，脱离了公务员的管理体系；其次，香港“三权分立”、彼此制衡的政治体制虽尚不成熟，但已经基本具备了一定的制度架构和雏形；此外，问责制度的推行在理论上打破了公务员的封闭系统，面向整个社会吸纳政治精英，虽然只是刚刚起步，但其政治意义远远超越了实际的制度效果。当然不可否认的是，香港尚不成熟的政党政治，以及短期内无法实现的政治普选②，都导致了其在移植制度过程中遭遇了诸多困境。

相较之下，中国内地则面临着完全不同的改革情境，因此也做出了截然不同的选择。首先，按《中华人民共和国公务员法》规定，“公务员职位类别按照公务员职位的性质、特点和管理需要，划分为综合管理类、专业技术类、行政执法类”，在职务上，中国内地没有“政务官”和“事务官”之分，只分为领导职务和非领导职务，而且都是常任的③。政府官员问责制度涉及的主要是担任“领导职务”的人员。其次，内地目前的政府官员监督在体系和形式上还存在诸多缺陷，其在根本上仍属于体制内的监督④。社会监督的发展程度也较低，强国家弱社会的格局一时还难以改变，民意、舆论监督的力量也相对薄弱，难以成为推动问责制度的重要力量。最后，由于政治制度的不同，内地政府官员不是来自社会，而是从公务员群体一步一步发展起来的，干部队伍结构中“职业化领导的比重过高，这类领导以从政为基本的、终身的职业，没有其他的职业资格，不能适应其他职业的要求，重新就业的渠道很窄”。⑤ 这可

① 主要是指公众可以通过投票、选举、结社、政治表达和接触等多种方式参与国家的政治过程。

② 关于这一问题，本书将在6.4.2中进行详细论述。

③ 更重要的是目前内地多数领导干部的产生仍以“选拔”而非“选举”产生，这就更加不具备移植西方问责制度的政制基础。

④ 例如在内地，如果官员应当引咎辞职但不提出申请者，多数地方政府的规定是由行政首长或党委责令其辞职。

⑤ 李妙然：《论我国推行引咎辞职制度的制约因素及对策研究》，《经济与管理》2003年第9期。

以解释一种现象，即内地各级政府对官员无论进行何种问责，都会保留其公务员身份，即仍留在公务员系统内部，而非完全脱离政府回到社会。

2. 不同的改革生态

问责制度需要一系列外部条件的支持和保障，尤其以政治理念、社会观念、行政文化、道德传统等一系列“非正式制度”为重。正如诺斯（D. C. North）所言，“非正式制度是可以制约正式制度的，当正式制度与非正式制度存在矛盾或不相容时，正式制度就会流于形式，或者在执行中变形，甚至无法实施”①。

应该说，香港特别行政区由于其特殊的政治传统和发展环境，易于形成相对成熟的民主法治和责任政治等理念，只是有待于进一步发展和深化，并且主要官员的问责制度恰好可以推动民主与法治理念形成共识与普及；而在我国内地，民主、法治和责任政府的基础还相对薄弱，还没有形成全社会范围内的强大共识，而几千年来的“官本位”思想却尚未根除，广泛而深远地影响着部分公众及不少官员。这样的外部环境下，加之内地已经积累了自有的一系列制度基础，因此移植西方的问责制度无疑并不切合实际，明智的选择当是创建并设计一种符合内地自身发展阶段和政治氛围的官员问责制。

3. 不同性质的官员问责

在西方，对官员，尤其是高层官员进行问责大多是出于政治层面的考量，其起因是发生了引起政府信任危机或合法性降低的重大事件，实质上是官员将政府责任转化为个人责任，并以个人的公开道歉或辞职行为来回应公共舆论和民意。同时，官员引咎辞职多是在政治惯例、政治文化的层面得以推行，并未将其直接制度化、法律化，更多是一种不成文的规定，因此仅限于一种软约束，即便是外界形成巨大的舆论压力，引咎辞职最终也还是需要官员自己主动提出。

香港的主要官员问责制度明显的政治色彩，体现了其在制度设计过程中的移植倾向，即列入问责范围的主要官员均系政治任命产生，并为其任内的施政纲领及决策承担全部政治责任。但是如前所述，受一些政制基础的限制，香港

① L. E. 戴维斯、D. C. 诺斯：《制度变迁的理论：概念与原因》。R. 科斯、A. 阿尔钦等：《财产权利与制度变迁——产权学派与新制度学派译文集》，上海：上海三联书店，上海人民出版社，1994年，第272页。

的主要官员问责制仍体现了较强的强制性，并过分的突显了行政长官的个人意志。

对于中国内地的官员问责制度而言，由于发展阶段和现实需要的制约，其在制度内容上基本上摒弃了对西方问责制度的模仿和移植，而更多地强调其作为人事管理以及干部制度改革的手段和工具，其关注点是实现干部能上能下的机制和理念。因此，内地的官员引咎辞职，从一开始就走上了制度化的道路，《公务员法》更是实现了引咎辞职的法律化，这种硬性的约束，要求相应的责任人员必须引咎辞职，否则即责令辞职。

3.1.3 自创与移植的不同层次

事实上，由于发展阶段的限定，次发达国家和地区对发达国家和地区的制度进行移植往往是不可避免的。与此同时，不同国家和地区现实条件与制度基础的巨大差异，又使得制度设计的本土趋势日益明显。解析这种现象的切入点在于，不同国家和地区对制度的移植与自创的层次选择往往是有规律的。

制度的模仿移植，既包括设计理念与原则的移植，也包括具体技术与制度安排的模仿。同样的设计原则和理念在不同的环境中可以设计出不同的具体制度；而同样的制度技术与安排又可能归属于不同的发展理念。中国内地与香港两地政治传统与发展阶段不同，以及对于制度移植与本土自创的不同选择，代表了问责制度两种比较典型的设计理念。

进一步而言，制度的模仿和移植可以体现在经济、法律、政治等各个层面。改革开放以来，特别是我国提出建立社会主义市场经济体制的目标以来，对西方国家经济体制的学习和借鉴已经得到广泛的认同，其效果亦是有目共睹，但涉及到法律体系和政治制度的借鉴时，则需要更加审慎的衡量和抉择：一方面全球化的趋势与现代化的需求，客观要求中国的法律体系与政治制度不断与时俱进，以应对日益复杂的发展环境；另一方面，与发达国家和地区之间不可逾越的政治差别和发展鸿沟，又决定了中国的改革设计者们要在理念借鉴与技术模仿之间做出精确的研判。在问责制度构建过程中，“对社会历史传统的承接至关重要，并不存在横空出世的所谓的‘银弹’（silver bullet）或特殊处方来一蹴而就地完成任务"①。当从一种外部文化中借用行政技术时，绝不应该照搬照抄，正确的做法是，有意识地改造这些技术（使之与现在的价值系统相匹配），或者如果价值冲突太过明显，就创造与既有价值体系和谐一致的适当工具和技术。②

任何法律制度都是特定社会背景和政治环境的产物，世界上并不存在适合于所有社会环境的制度。正如孟德斯鸠（Charles de Montesquieu）所言："为一国人民制定的法律，应该是非常适合于该国的人民的，所以一个国家的法律能够适合于另一个国家的话，那只是非常凑巧的事。"③ 因此，本土的自创式发展一直与移植模仿并列成为制度设计理念的两种基本途径。毕竟对于一项制度的现实效应而言，适用于本国的发展环境和政治传统，与制度本身的先进性是同等重要的。从这一点上说，中国内地与香港地区的问责制度，虽然选择了不同的设计思路，但却不存在优劣之分，因为两地同时选择了以适宜本土发展作为制度改革最终的衡量标准。

3.2 内地：基于本土发展的制度创设

自2003年以来，"问责"成为了中国内地政治生活中最为热门的话题之一。在各种大大小小的媒体上，充斥着有关行政问责、官员辞职以及新的相关法规出台的报道和消息。冷静观察不难发现，中国内地各级政府在各种社会问题及公共危机面前的迅速反应得益于其制度本土化创设的改革思路，即最大限度地利用已有的制度基础和传统资源实现当前的改革目标，同时保证政治和社会层面的稳定，以换取更多的改革时机。

3.2.1 传统责任制的沉淀与积累

在我国，真正意义上的现代责任制度发起于企业管理领域的岗位责任制。改革开放特别是党的十五大以来，在借鉴企业岗位责任制的基础上，我国政府

① World Bank Experts Group, *Social Accountability in the Public Sector: a Conceptual Discussion and Learning Module*, New York: The International Bank for Reconstruction and Development & The World Bank, 2005. 21.

② Bjur Zomorrodian, *Toward Indigenous Theories of Administration* , Athens and London: The University of Georgia Press, 1998. 412.

③ Charles de Montesquieu, *The Spirit of the Laws.* Cambridge: Cambridge University Press, 1989. 6.

的责任制度建设开始得到不断加强，并取得了一定成果。此外，在我国政府系统内部，广泛推行了行政首长负责制，即各级政府及其所属部门的行政首长在其所属行政机关中处于核心地位，享有最高和最后的决策权，并由各级行政首长就整个行政系统的所有决策和行为向权力机关负责的行政领导制度。该制度在 1982 年第五届全国人大五次会议通过的《宪法》中首次以国家根本大法的形式固定下来，具体是指国务院实行总理负责制；国务院各部、各委员会实行部长、主任负责制；地方各级人民政府实行省长、市长、县长、区长、乡长、镇长负责制。在此后内地二十多年的行政改革与发展实践中，尽管行政首长负责制遭遇了一系列发展困境，但也发挥了极其重要的制度效应。

随着内地行政改革和政治发展的不断深入，责任制度逐渐成为中央高层关注的核心改革问题，历次人大报告和政府工作报告等无不反复强调依法行政和强化责任机制，这为政府部门构建责任追究制度指明了基本方向。与此同时，内地还相继出台了一些相关方面的规章制度，如中共中央、国务院《关于实行党风廉政建设责任制的规定》、国务院《关于特大安全事故行政责任追究的规定》、公安部《公安机关人民警察执法过错责任追究规定》等等。此外近年来，内地政府在查究失职、渎职者的责任方面也取得了一些进展，坚决查处社会影响恶劣的大案要案，对不合格和违反法规党纪的政府官员进行严肃处理，对于树立政府形象、强化责任行政方面取得了积极效果。

如果将早期的责任追究制度视为问责制度的积累阶段，则那时的“官员问责”更多是在事后追究、“以儆效尤”，官员主动引咎请辞者很少，对省部级高层官员的“问责”更是罕见。根据可考资料，第一宗公开的“官员问责”应该是 2001 年陕西省省长程安东案。他因陕西省一个月内连续发生 3 宗特大事故，于当年 5 月被国务院施以“行政记过处分”。

至于“引咎辞职”作为一个正式的政治术语，在中国内地可能始自重庆市。2002 年 12 月 31 日，重庆市彭水县原副县长蒋成谷因其任内频发的恶性交通事故，自觉难辞其责，向县人大常委会提呈了辞职申请。申请立即被批准，蒋成谷由此成为中国内地因领导责任而引咎辞职的县处级以上干部第一人。而其依据的 2001 年出台的名为《重庆市党政领导干部辞职实施办法》的文件，可以被认为是我国第一个关于“引咎辞职”的正式文件。

由蒋成谷开始，“为官从政”这种职业似乎多了一些风险成分。据不完全统计，在 2003 年之前，从中央到地方各级政府的文件规定中，共有 180 多条规定来约束官员的行为，触犯其中任何一条，都可能受到处分甚至丢官。但在我国，官员问责，尤其是高层官员的问责作为一种正式的制度安排进入政治领域和公众视野，则是始于2003年春季。

3.2.2 公共危机下的改革风暴

如前所述，“问责制”在我国并非新生事物，只不过一直是以零散的责任追究制度形式存在。真正引起人们的关注则是在2003年春季的“SARS”时期，全国十几个省、自治区和直辖市上百名政府官员纷纷因“抗非”不力而受到降职、撤职或党内及行政处分。卫生部部长张文康和北京市市长孟学农被免去党政职务，是当时因“SARS”丢官的职别最高的两名官员。在一次突发事件中受到惩处的官员人数如此之多、范围如此之广、力度如此之大，这在中国内地是非常罕见的。因此，这种做法立即引起了国内外的强烈反响。有舆论报道说，各级政府通过处理大批失职官员等措施促进各级干部带领群众全力以赴防治“SARS”扩散，表现了对人民的关爱和高度负责的精神。

2003年5月，中央出台了《突发公共卫生事件应急条例》，其中有若干新的规定，如不得虚报、瞒报、谎报，并且“也不得授意他人虚报、瞒报、谎报”。此条规定无疑是针对一些行政高官而言的，官员问责制在我国初现端倪。

在其后的几个月里，接连发生的几起重大恶性安全事故，成为2004年中国内地“问责风暴”的催化剂：2003年12月31日，重庆开县发生特大天然气井喷事故，直接导致243人死亡，万余群众中毒受害，6万百姓星夜逃难，这是世界石油天然气开采史上最惨重的事故，亦是人类工业史上最大的悲剧性事件之一；2004年2月5日晚，北京市密云县发生游人踩踏的恶性事故，37人死亡，15人受伤；2004年2月15日，吉林省吉林市中百商厦发生特大火灾，51人死亡，71人受伤；同日，浙江省海宁市黄湾镇因当地村民聚众焚纸而发生特大火灾事故，造成40人死亡。

作为对上述一系列恶性公共安全事件的回应，2004年1月上旬，中石油总经理马富才向中央提出辞职请求。其后，北京市密云县县长张文、吉林市市长刚占标、海宁市市长张仁贵相继被免职或引咎辞职，其他事故相关责任人亦分别受到党内或行政处分。虽然在这三起特大事故中，只有吉林省省长洪虎在事故发生后很快向辖区人民公开道歉，其他相关责任人都是直到事故原因查清、分清责任之后才采取相应行动，多少有一些被动成分在里面。但不管怎样，这是一个很好的开端，标志着“官员问责”正在从一种民主诉求转变为一项正式的制度安排。

以往再大的事故或再恶性的行政违法事件，除了惩处几个直接责任者外，高层官员承担政治责任的现象并不多见。新一届中央领导集体主政以来，秉承“有权必有责，用权受监督”的理念，“官员问责”渐成气象。值得注意的是，2003 年张文康和孟学农去职，是来自中央政府的行政命令，但是对马富才等人的处理已被冠以“引咎辞职”的名义。这一明显变化，无疑彰显了中国政府欲构建真正意义上的“官员问责制”的决心。

其后，又分别发生了广受关注的“嘉禾强制拆迁事件”、“阜阳杀婴奶粉事件”、2004 年“SARS”疫情的反复、“松花江水污染事件”、2005 年禽流感疫情等公共事件，在这些事件中，又有数十名高层官员纷纷受到处分或撤职，中央及各地政府在处理上述公共事件过程中所表现出来的态度、力度和反应速度，将中国内地的“官员问责风暴”推向了高潮。尤其是在“松花江水污染”事件中解振华的辞职，一个正部级官员因重大环境污染事件而引咎辞职，解振华可以说是第一人，这也将中国政府行政问责的进程向前推进了一大步。

3.2.3 问责制度的本土化创设

从 2003 年“SARS”危机及之后的几年间，内地的问责制度进入了高速发展和积极创设的黄金时期，作者尝试从多个角度，对这段时期内我国内地出台的与官员问责有关的法律法规进行整理和分析，并得出表 3①。可以看到，我国的问责制度构建已经初具雏形，即使在体系上有些零散甚至混乱，但也属一项制度在创设之初所必然经历的阶段。

① 此处作者仅列举了问责制度构建初期的若干代表性法规，用于说明我国内地问责制度本土化创设的宏观进程与特征概览。至于 2006 年之后，我国内地问责制度的构建已经进入了大规模发展和有序改进的阶段，鉴于内容的庞杂及篇幅的限制，本书无法一一列举。同时鉴于研究重点的偏好，此处并未对 2005 年以后由暂行（试行）办法转为正式办法的法规进行统计，并认为其并不影响相关论证的可信度和全面性。

表 3：我国内地问责制度的法规创设与领域拓展

性质划分	出台时间	法规或举措
专门的问责办法	2003 年 7 月	《长沙市人民政府行政问责制暂行办法》①
	2004 年 1 月	《天津市人民政府行政责任问责制试行办法》
	2004 年 6 月	《湘潭市行政问责暂行办法》
	2004 年 5 月	《重庆市政府部门行政首长问责暂行办法》②
	2004 年 8 月	《大连市政府部门行政首长问责暂行规定》
	2005 年 1 月	《海南省行政首长问责暂行规定》
	2005 年 12 月	《深圳市人民政府部门行政首长问责暂行办法》
	2005 年 7 月	《成都市行政首长问责暂行办法》
	2003 年 11 月	《四川省党政领导干部引咎辞职暂行办法》③
	2004 年 4 月	《党政领导干部辞职暂行规定》④
	2005 年 4 月	《昆明市国家行政机关及其公务员行政不作为问责办法》
	2005 年 7 月	《岳阳市领导干部和机关工作人员有错与无为问责办法（试行）》
	2005 年 7 月	《太原市国家行政机关及其工作人员行政不作为问责办法（试行）》
相关的责任追究制度	2004 年 11 月	《浙江省影响机关工作效能行为责任追究办法》
	2005 年 1 月	《深圳市预防职务犯罪条例》
	2003 年 3 月	《云南省公务员八条禁令》
	2005 年 12 月	《深圳市实施行政许可责任追究办法》
	2007 年 9 月	《深圳市政府部门责任检讨及失职道歉暂行办法》

① 这是我国内地首个专门性的问责办法，始创问责制度化和程序化的先河。

② 该办法堪称是我国第一部以“法定化”的政府规章形式出台的高层官员问责法规。因此本书在附录 3 中提供了该办法的全文，以供读者参考。

③ 该办法规定了领导干部须引咎辞职的 9 种情形，填补了该项制度空白。

④ 该规定对“因公辞职”、“自愿辞职”、“引咎辞职”、“责令辞职”有了严格的规范，并详细列举了 9 种应该引咎辞职的情形。

续表

性质划分	出台时间	法规或举措
基础性法规的健全	2003年5月	《突发公共卫生事件应急条例》①
	2004年2月	《中国共产党党内监督条例（试行）》②
	2004年2月	《中国共产党纪律处分条例》③
	2005年4月	《中华人民共和国公务员法》④
	2007年4月	《行政机关公务员处分条例》
问责举措的领域拓展	2003年10月	南京在全市全面推行“行政问责制”。
	2004年3月	《河南省工商系统打假维权失察问责暂行规定》。
	2004年4月	国家安全生产监督管理局公开表示安全生产事故的引咎辞职制度要长期坚持下去。
	2004年5月	北京市政府向社会公开各副市长、市长助理的行政分工。随后浙江、吉林等省也将省长、副省长的工作分工向社会公布。
	2004年6月	国家审计署向全国人大常委会提交了一份“触目惊心”的“问题审计清单”，掀起“审计风暴”。

① 国务院已于2006年1月8日正式发布《国家突发公共事件总体应急预案》，这标志着中国突发公共事件应急预案的框架体系已经初步形成。总体预案在“责任与奖惩”一节中进一步明确规定：“突发公共事件应急处置工作实行责任追究制。……对迟报、谎报、瞒报和漏报突发公共事件重要情况或者应急管理工作中有其他失职、渎职行为的，依法对有关责任人给予行政处分；构成犯罪的，依法追究刑事责任。”

② 这是中国共产党执政50多年来，第一个全面、系统地进行自我约束与促进自我发展的党内制度规范，《条例》中明确写入了“询问和质询”、“罢免或撤换要求及处理”等内容。

③ 该条例被认为与《中国共产党党内监督条例（试行）》共同填补了“党内问责”的空白，使得官员问责向着更加完整和现实的方向发展。

④ 《公务员法》明确加入了引咎辞职与责令辞职的制度设定，将领导成员应当承担的政治责任法定化。

续表

性质划分	出台时间	法规或举措
问责举措的领域拓展	2004 年 9 月	江苏省全面建立并启动了食品安全问责制。
	2004 年 11 月	《四川省信访条例（草案）》出台，全国首个在信访工作中引入行政问责制。
	2004 年 10 月	福建省卫生厅和福建省教育厅联合下发《福建省学校卫生防疫与食品卫生安全责任追究暂行办法》。①
	2005 年 4 月	浙江省实施高考逐级问责，对考风考纪实施全程监控，力求“有责必问，有诉必应，有案必查”。
	2005 年 7 月	吉林省舒兰市推行“一把手”上电视公开道歉检讨的举措。②
	2005 年 12 月	《辽宁省道路交通事故行政责任调查追究规定》出台。
	2006 年 2 月	《深圳市公安机关警务工作问责规定》出台。
	2007 年 8 月	上海市政府发布了《节能减排工作实施方案》，将节能减排指标列入领导干部的年度考核体系，实行“问责制”。
	2008 年 1 月	《重庆市违反土地管理规定行政首长问责暂行办法》
	2008 年 3 月	《国务院工作规则》中首次写入“问责制”，要求国务院及各部门要积极推行行政问责制度和绩效管理制度。

根据表 3 的资料统计，可以总结出我国内地问责制度本土化发展的若干特征：

1. 政府问责制度，尤其是行政首长问责制度的建设已经形成一定的体系。

已经有多个省、市、区级政府部门建立了专门的问责制法规，其中行政首长问责制度的构建趋势最为明显，说明其现实价值获得了最多改革者的认可。与此同时，包括机关效能、行政作为、职务犯罪等政府管理各个领域的责任机制也得到了广泛的推进和完善。目前看来，内地问责制度在“所问之事”的

① 该办法规定学校因失职行为而造成学校传染病流行或食物中毒等公共卫生事件，要进行行政责任追究。同时要求运用危险性评估原则，按照 ABCD 四个等级对学校食品生产经营单位进行风险和信誉度的分级和分类监管，在全国首创学校食品安全问责制。

② 这昭示了我国政府官员问责制度在发展历程中的又一个转折点：从“小事”“问”起，从危机性、应急性走向制度化、常态化。

内容上，由重大恶性事故及突发危机，扩展到了日常的治理腐败（首推从2004 年持续至今的廉政审计风暴）、政务公开（如北京市等对领导干部行政分工及权责分配的公开），以及其他保障公民民主权利（如重庆市《政府部门行政首长问责暂行办法》对于人民群众的发言权和知情权的保障进行了明确规定）等各个方面；在“所问之事”的性质上，由行政效能低下、决策失误、执行不力、不履行或者不正确履行法定职责，发展到行政权力的滥用（如嘉禾县违法拆迁事件的处理）、职务犯罪（如《深圳市预防职务犯罪条例》）、行政不作为（如《岳阳市领导干部和机关工作人员有错与无为问责办法（试行）》）、行政失察（如阜阳市“杀婴奶粉”事件中对于相关行政领导失察失职的处理）等；“所问之人”已包括各级党委、人民代表大会、行政、审判、检察等主要政府机关及大型国有企业的领导干部；有权问责的监督主体已包括了各级人民代表大会、公众、媒体、上下级行政机关及公务人员和司法、审计部门等；在制度建设上，问责法规不仅在一般性的有关条例及办法上初具体系，而且开始尝试性的创建各种针对专门行业和领域的问责办法，同时涉足了党纪、政纪和国法，并使三者之间的关系日益明确。

2. 对既有制度基础实现了充分整合和利用。

首先在问责方式上，目前内地问责制度所涉及或规定的主要包括对行政失范行为进行批评教育、责令作出书面检查、公开道歉、取消当年评优评先资格、通报批评、诫勉、降职、辞职（包括“因公辞职”、“自愿辞职”、“引咎辞职”及“责令辞职”等）、免职、给予行政处分，以及法律法规规定的其他方式。其次，在问责制度推行的基础性法律依据上，主要包括《中华人民共和国公务员法》、《中华人民共和国行政处罚法》、《中华人民共和国行政监察法》、《中华人民共和国地方各级代表大会和地方各级人民政府组织法》、《中华人民共和国行政许可法》等。不难看出，在这些责任承担方式和基础性法律依据中几乎没有任何一个属于完全意义上的新生事物。目前内地的问责制度体系实质上是最大限度地整合和利用了原有的制度基础，其初衷是为了在最短的时间内争取化解社会危机，同时通过问责制度这个平台，将原有的零散的责任制度基础纳入到一个统一的运行框架内，这无疑大大推动了我国政府责任机制的规范化和系统化。

3. 推动问责理念在不同领域的逐步渗透。

在“所问之事”的领域上，内地问责制度已经由最初的公共卫生、生产安全、食品安全等，扩展到了教育、审计、信访、商业维权、治安①、公共交通等行业和领域。事实上，要在多个职能部门或领域同时构建起统一的问责制度运行构架，是十分不现实的。内地问责制度的构建思路延承了中国一贯以来的渐进式、本土化改革路径，一方面充分考虑现有的制度基础和传统资源，并为改革所用；另一方面，避免风险和难度过大的改革举措，为持续发展创造稳定的社会环境。因此，在复杂的专业化职能领域，先以单项举措、责任理念甚至仅仅是“问责口号”的方式，进行潜移默化的逐步渗透，是内地构建问责制度体系的明智选择。

3.3 香港：西方问责制度的移植和改造

香港主要官员问责制度构建伊始，就确定了其对西方问责制度进行改造和移植的总体思路，而其具体的框架设计和运行模式也充分验证了这一发展战略。正如时任香港特区政务司司长曾荫权曾在2002年4月记者会上强调的：“由行政长官及14位问责主要官员组成为核心的行政会议，它的操作类似一个‘内阁’形式，使政府在施政时更加有效率、更加有中心和指导性，更加符合行政主导的理念。”②

3.3.1 主要官员问责制度的出台

香港特区政府推行主要官员问责制并不是一次偶然举动，早在2000年的施政报告中，时任特首董建华就曾明确提出：“需要研究在行政长官领导下，如何加强有关主要官员在不同政策范畴承担的责任。这牵涉复杂的问题，需要考虑的，包括制定一套相应的聘用制度，订明权责，界定他们在新制度下制定和执行政策所担当的角色。”③ 其主要目的是：增加主要官员的责任；确保政府更好地回应社会；加强行政和立法部门之间的合作；保证政策的有效实施和

① 据悉，目前已经有郑州、泉州、深圳等多个城市在公安部门启动了问责机制。

② 政务司司长曾荫权就主要官员问责制举行记者招待会的发言［EB/OL］. http://www.info.gov.hk/gia/general/200204/17/0417258.htm，2002年4月17日。

③ 董建华2000年施政报告［EB/OL］. http://www.policyaddress.gov.hk/pa00/index.htm，2000年10月6日。

为公众提供高质量的服务。①

自施政报告公布后，行政长官亲自领导一个督导小组进行有关研究，研究范畴主要包括：(1) 香港既有的制度安排在新的发展环境下如何运作的问题；(2) 特区政府成立以来，能否适应港人治港的现实需求，是否需要在制度上进行相应的改善和调整；(3) 市民及立法会对加强官员问责的具体要求和理念；(4) 如果引入新的问责制度，对政府的运作会产生哪些影响，同时需要做出哪些调整以配合和支持新制度等。

此外，为了解公众对主要官员问责制度的意见，政制事务委员会曾多次进行公众咨询，并于2001年1～2月分别在本地中文和英文报纸刊登广告，邀请各界发起意见书。事务委员会亦邀请了学者、法律专业团体及其他社会团体，向委员会陈述意见，并多次召集会议讨论他们的意见。②

经过社会各界广泛的讨论和酝酿，并吸收和采纳各种有益的建议，香港特区政府于2001年4月17日正式向立法会提出了实施主要官员问责制的方案。在同年10月发表的《施政报告》中，董建华概述了特区政府的初步构想：引入一套新的聘用制度，适用于政务司司长、财政司司长和律政司司长，以及大部分政策局局长。这些官员的聘用条件有别于公务员。他们是公职人员，但并非公务员。他们的任期不会超逾提名他们的行政长官的任期。这个制度会带来更多弹性，让行政长官可以从公务员队伍以内及以外物色合适的人选，担任这些职位。董建华还承诺，未来数月，政府会深入研究各项细节，包括主要官员的数目和各人的政策范畴、聘用条件，以及整套薪酬福利条款。同时继续听取各界的意见，与立法会政制事务委员会、学者、评论者和其他人士交流。③

2002年董建华成功实现了连任，在4月17日立法会会议上，他正式介绍了香港特区政府主要官员问责制的主要内容和推行计划的详情，并接受了议员的质询。2002年5月30日，香港特区立法会以36票对21票通过了政府提出的支持主要官员问责制的议案。6月14日，立法会同意拨款4200万港元，做为实施主要官员问责制所带来的开支。6月24日，时任行政长官董建华宣布在他第二个任期内的新官员名单，包括主要官员、行政会议新成员、行政长官

---

① 孙彩红：《香港主要官员问责制的评析及其借鉴价值》，《天府新论》2004年第4期。

② 参见有关主要官员问责制度出台前的公众咨询与民意调查，本书将在7.1.2做详细介绍。

③ 董建华2001年施政报告［EB/OL］. http：// www. policyaddress. gov. hk/ pa01/ index. htm，2001年10月6日。

办公室主任及中央政策组首席顾问（政府智囊团）。7月1日，董建华就任第二届香港特区行政长官，主要官员问责制由制度设计阶段进入制度运作阶段，开始付诸实施。

香港提出主要官员问责制的根本价值理念是增强官员的责任，更大程度地满足公众诉求，建设更负责和更有效的政府。有关香港推行主要官员问责制的目的，政制事务局的有关文件进行了更详细的阐述①：(1) 加强主要官员对其政策范畴承担责任；(2) 让高级政府官员深切理解社会的期望，并更好响应社会的需要；(3) 选拔最佳而又最合适的人选，出任主要官员之职，服务社会，并提高有效管治；(4) 加强行政、立法机关的合作；(5) 更好协调政策制订的工作，确保政策有效实施，并为市民提供优质服务；(6) 维持一支常任、专业、任人唯才、廉洁而政治中立的公务员队伍。

3.3.2 主要官员问责制度的基本内容

香港主要官员问责制奉行三个基本原则：新制度必须符合《中华人民共和国香港特别行政区基本法》（以下简称《基本法》）的规定②；必须维持公务员队伍的稳定及诚信；必须维持一支常任、任人唯才和政治中立的公务员队伍。③ 根据香港主要官员问责制度的基本框架（参见附录1），其主要内容包括：④

---

① 香港特别行政区立法会政制事务委员会．主要官员问责制实施成效报告（实施6个月成效报告）[R]．立法会CB (2) 930/02-03 (02) 号文件，2003年1月15日。

② 《基本法》第一百零三条订明，香港原有关于公务人员的招聘、雇用、考核、纪律、培训和管理的制度，予以保留。为此，行政长官在政府最高层级引入政治任命的官员是否符合《基本法》，曾引起了部分议员的置疑和争论。本书将在7.1.2就此问题进行专门论述。

③ 香港特别行政区立法会政制事务委员会．主要官员问责制实施成效报告（实施6个月成效报告）[R]．立法会CB (2) 930/02-03 (02) 号文件，2003年1月15日。

④ 本部分内容根据以下资料整合而成：陈瑞莲，邹勇兵：《香港高官问责制：成效、问题与对策》，《中国行政管理》2003年第11期；李永清：《高官问责制：香港行政体制的重大改革》，《特区理论与实践》2002年第9期；《董建华介绍香港特区政府主要官员问责制》，《人民日报》2002年4月18日；《香港将推行“主要官员问责制”》，《中国纪检监察报》2002年4月25日；《香港特区政府将实施高官问责制》，《法治日报》2002年4月20日；《港府高官问责制全国解构》：http://www.southcn.com/news/hktwma/twmil/200207021287.htm，2002年7月2日；《实行高官问责制后的香港特别行政区架构组织图》：http://www.info.gov.hk/govcht_c.htm，2007年7月1日；2002年4月17日香港特别行政区立法会会议过程正式记录。

1. 合并政策局，实行“3＋11”方案

根据问责制规定，原先3司16局的特区政府最高层架构，合并成为3司11局（见表4），使资源分配更加合理，政策内容更加协调，分别为：政务司、财政司、律政司以及公务员事务局、政制事务局、教育局、运输及工务局、环境及卫生福利局、民政事务局、房屋及规划地政局、保安局、工商及人力资源局、经济发展局和财经事务及库务局。3司司长和11个政策局局长共14个职位全部列入问责官员范围。

表4：香港主要官员问责制实施前后政策局设置情况比较

原政策局	问责制实施后的政策局
公务员事务局	公务员事务局
政制事务局	政制事务局
教育统筹局	教育局
运输局	运输及工务局
工务局	——
环境食物局	环境及卫生福利局
卫生福利局	——
民政事务局	民政事务局
房屋局	房屋及规划地政局
规划地政局	——
保安局	保安局
工商局	工商及人力资源局
经济局	经济发展局
财经事务局	财经事务及库务局
库务局	——
资讯科技广播局	——

2007年，香港特别行政区行政长官曾荫权宣布重新调配特区政府各政策局的职能，令政府政策局增加至12个。新的管治架构已于当年7月1日开始

实施[①]。调整后的12个政策局及其职能分别是发展局（职能：规划、土地使用、屋宇、文物保育、大型基建）、环境局（职能：环境保护、可持续发展、能源）、民政事务局（职能：社会企业、法律援助、地区政务）、劳工及福利局（职能：扶贫、劳工、人力及福利政策）、政制及内地事务局（职能：人权及公开资料、与内地关系安排）、运输及房屋局（职能：对内对外海陆空交通、物流、房屋政策）、食物及卫生局（职能：医疗改革及融资、提升食物安全）、商务及经济发展局（职能：商务贸易、旅游、保护消费者、创意产业、竞争政策）、教育局（职能：教育政策）、保安局（维持原有职能）、公务员事务局（维持原有职能）、财经事务及库务局（维持原有职能）。[②]

2. 对问责官员实行政治任命

问责官员实行政治聘用是新制度与原体制的一个鲜明区别。根据这一制度，所有司长、局长均由行政长官挑选委任，其条件是与行政长官的施政理念一致，办事效率高，政治活动能力强，善于吸纳民意，对行政长官负责。特首可以从公务员队伍内外物色德才兼备的优秀人才，提名报请中央人民政府予以任命，而不必局限在公务员系统内进行选拔。

同时，问责官员不再是长俸公务员，而是政治任命的问责制官员，以合约形式实行政治聘用，任期5年，同时不超过将其提名的行政长官的任期，其待遇与现在特区政府主要官员大致相同，其中增加的薪酬部分由财政负担。

3. 问责官员对政策成败承担全面责任

在任期内，主要官员各自负责既定的政策范畴，统领所辖部门的工作，制定、解释和推介政策，争取政策获得立法会和市民大众的支持，并为政策的成败直接向行政长官负责。通过行政长官的领导，履行对香港特区政府和市民的责任。他们的具体职责是：掌握民意，在服务社会时考虑到市民大众的需要；设定政策目标，构思、设计和调整政策；担任行政会议成员，直接参与讨论和决策，为行政会议的决定承担集体责任；就政策、立法、收费和公共开支的建议，争取公众和立法会的支持；出席立法会全体会议，提出法律草案和动议辩论，参与议员提出的动议辩论和回应议员的质询；出席立法会委员会小组委员

① 由于这一变更并未改变香港特区主要官员问责制度的根本性质与体系框架，因此在后面的论述中，对于香港特别行政区主要官员问责制度的主要内容，本书仍然按照最初的制度框架，即14位问责制官员所承担的责任进行介绍。

② 《改组政策局 矢志“发展”立政绩》，《经济导报》（港）2007年第18期。

及事务委员会会议，参与重要政策事项的讨论；执行法例赋予他们的法定职能；监督下属部门提供的服务，确保政策能有效地落实；为政策的效果和执行部门提供的服务承担全部责任。

14 位问责官员在其负责范畴内的事宜出现严重失误时应该辞职，因严重的个人操守问题或不再符合《基本法》的有关规定时必须离职。行政长官有需要时，可以终止他们的合约。①

4. 问责官员全部进入行政会议

在新制度下，所有列入问责制范围的主要官员全部进入行政会议，以强化行政会议作为政府决策核心的功能，他们直接参与制定政府的整体决策，决定政策推行的优先次序，协调跨部门的工作事项，使施政能更快捷、更全面地响应社会的诉求和切合市民的需要②。政务司司长将以主席身份主持一系列的行政会议小组委员会会议，财政司司长也会主持相关的行政会议小组会议。律政司司长处理部门内的工作，负责检控工作，是特别行政区的首席法律顾问。③

3.3.3 主要官员问责制度与西方部长制

香港主要官员问责制度具有明显的移植色彩。在香港，公众和报纸均把主要官员问责制看作是内阁制，许多媒体则直接把新的主要官员称为“部长”，虽然正式的官方文件并没有把主要官员问责制看成是内阁制，“内阁”这个名称也较少被正式使用，但实际的情形是，职业政治家确实担当了最主要的政府职位。④ 因此，有学者将香港特区主要官员问责制称为“港式部长制”，或者至少是一种类似于内阁制的政府体制⑤，因为其既保留了完整部长制的一些特征，但又进行了若干改良。具体体现在：

---

① 需要注意的是，只有委任主要官员的行政长官才有罢免他们的权力，立法会无权罢免失职的主要官员。

② 这样，职业政客成为行政会议主要的和基本的成员，从而将行政会议转变成为一个类似内阁的行政机构，这在香港的历史上还是第一次。

③ 除全体问责制主要官员外，行政长官还在 2002 年 7 月 1 日委任香港两大政党党魁、一位工会领袖，及两位专业人士加入行政会议。其中一人后来因“《香港特别行政区基本法》第二十三条立法事宜”而辞职。

④ 周平：《香港政治发展（1980～2004）》，北京：中国社会科学出版社，2006 年，第 266～267 页。

⑤ 周平：《香港特区政府的问责制改革》，《云南社会科学》2005 年第 1 期。

1. 行政长官的身份与任免

在行政长官的身份上，香港特别行政区行政长官具有双重身份。根据《基本法》第四十八（一）条的规定，行政长官既领导香港特别行政区政府，又是香港特别行政区政府公务员之首。同样在美式部长制下，总统也有双重身份：既是国家元首，又是政府首脑。

在行政长官的产生上，美式部长制下总统与国会均由选民定期选举产生。根据《基本法》第四十五条和六十八条以及附件一、二的规定，香港特别行政区的行政长官和立法会亦分别由定期选举产生。这一点也与美式部长制相似。

2. 主要官员的身份与任免

在主要官员身份上，按照英式部长制的限定，内阁首相和大臣必须是议院成员。但《基本法》第七十九（四）条明文规定，接受政府委任出任公务员的人士不得成为立法会议员，反之，香港特别行政区立法会议员亦不能兼任为政府官员，不论是主要官员，还是非主要官员。这一点更类似于美式部长制下对政府官员的限制，即美国宪法第一条第6款第2项规定："凡在合众政府下供职者，在其任期内，不得为国家议员"。

在主要官员任免上，《基本法》第四十八（五）条规定，行政长官有权提名并报请中央政府任命政府主要官员，也有权建议中央政府免除上述官员的职务。这一点也与美式部长制趋同，即总统有权依法定程序随时替换和任免各部部长，美国政府各部部长均向总统负责。而在英式部长制下，尽管内阁由一群职业政治家组成，接受首相的领导，首相也会明确表示主要官员将对他负责，但内阁不由选民直接或间接选举产生，而是由取得下议院多数议席的执政党推举产生。

3. 立法会的功能与角色

英国是强调议会至上的国家，英式部长制下行政机关要向立法机关全面负责。同样在美式部长制下，立法机关在任命内阁时也扮演着重要角色①，就这方面而言，香港特别行政区立法会在主要官员问责制中的角色不能与之相比。香港特区不实行议会至上，而是提倡行政主导，各主要官员均要向行政长官负

① 例如参议院在委任行政机关要员时可以举行公开聆讯，提供某名人选是否适合获得政治任命的意见。

责。行政机关虽也要向立法机关负责，但根据《基本法》第六十四条的规定，其负责的范围仅限于执行法律、定期作施政报告、答复议员质询、征税和公共开支须立法会批准四个方面。尽管根据《基本法》第七十三（九）条的规定，香港特别行政区行政长官也有可能被立法会指控和弹劾，但《基本法》没有授予立法会弹劾主要官员的职权。不称职的主要官员只能由行政长官安排调职或向中央政府提出免除其职务。①

此外，英式部长制下首相和内阁没有独立的任期，随下议院的换届而调整。但根据《基本法》第四十五条的规定，行政长官在当地通过选举或协商产生，由中央政府任命。行政长官产生的具体办法根据实际情况和循序渐进的原则，最终达至有广泛代表性的提名委员会按民主程序提名后普选产生的目标。第四十六条规定，香港特别行政区行政长官有独立的五年任期，可竞选连任一次，香港特别行政区立法机关任期为四年。② 可见，在《基本法》框架下，香港特别行政区行政机关和立法机关遵循不同的途径产生，立法会的选举结果对行政长官的产生不发生影响。如果采用英式部长制，由取得立法会多数议席的政团组阁，显然不符合《基本法》有关行政长官的选举制度。③

对于香港特区主要官员问责制度的设计框架，有很多学者称其为“四不像”的问责制：不像民主国家的行政机构那样向选民及代议机构负责；不像总统内阁制或政党内阁制那样，内阁决策，集体负责；不像执政联盟，因为主要官员并无政党背景；不像原来的港英政府公务员那样熟悉官僚机构运作，行事根据守则。尽管如此，主要官员问责制度推行的初衷毕竟是为了更好地承担责任和回应民意。制度设计与安排的缺憾总是在所难免，香港特区政府寻求政制改革与民主化发展的努力却是毋庸置疑的。

---

① 肖蔚云：《香港基本法的成功实践》，北京：北京大学出版社，2000 年，第 60 页。

② 除临时立法会任期一年、第一届立法会任期两年之外。

③ 肖蔚云：《香港基本法的成功实践》，北京：北京大学出版社，2000 年，第 60 页。

第4章

问责制度构成要素的比较：主体、客体与运行机制

相异的价值选择和制度设计，决定了中国内地和香港的问责制度在构成要素和运行机制上的诸多不同。同时，复杂的历史机遇又导致两地在构建问责制度过程中，面临一系列相同或相异的局限与困惑。

4.1 问责主、客体的共识与差异

官员问责的主体与客体，是其制度实体的核心构成部分，目前在既有的政府官员问责制度或其他相关责任追究制度中，在问责主体的范畴上已经基本达成共识，而有关问责客体的界定，因为两地政治传统和制度基础等的不同，则表现出若干差异和取舍。

4.1.1 问责主体的一般性共识

问责主体是指在问责机制中合法承担和履行问责功能的组织、群体或个人。目前看来，包括中国内地和香港特别行政区在内的世界上大多数国家和地区普遍认可的问责主体主要包括：

1. 权力机关

权力机关的问责被认为是民主社会最重要、最具代表性的追究政治责任的方式。“代议制议会的适当职能不是管理——这是它完全不适当的——而是监督和控制政府；把政府的行为公开出来，迫使其对人们认为有问题的一切行为做出充分的说明和辩解；谴责那些该受责备的行为，并且，如果组成政府的人员滥用职权，或者履行责任的方式同国民的舆论明显冲突，就将他们撤职。这

的确是广泛的权力，是对国民自由的足够保证。”① 立法机关通常是以质询、调查、不信任投票等方式，启动对政府官员的问责。被问责的官员须对所问之事做出客观合理的解释和答复，如果官员无法回复立法机关的质询或立法机关对官员的解释不信任，则该官员还有可能受到立法机关的罢免、弹劾或自行引咎辞职。

2. 司法机关

依法治国必然要求依法行政。对于社会的每一个个体或组织，法律都具有强制性的约束力。因此对于政府及其公务人员的一切违法犯罪行为，司法机关都有权进行问责，行政官员也不例外。这要求行政官员除履行依法行政的积极责任外，还要承担因违法犯罪行为所导致的否定性法律责任，甚至包括违宪审查或行政赔偿等。

3. 社会公众

一切公共权力归根结底属于人民。在我国，社会公众行使问责权利的途径主要是“自下而上”的舆论监督与压力，并产生巨大的非强制性效应。在其他一些国家和地区，公民通过舆论监督、投票选举、检举举报等个人行为，或者借由社区、民间团体和非政府组织等渠道，积极关注政府责任，尤其是政府高层官员的责任实现，日益成为推进官员问责制度发展的核心力量。必须指出的是，尽管社会公众拥有加强问责的巨大潜力，但这种力量往往不能自发地产生并体现在各种问责机制中，尤其是在问责理念和制度形成初期，改革者必须通过设计科学有效的机制，以充分引导和利用这种力量，即通过赋予社会群体法定的权力和渠道，将其巨大的潜力转变为具体的行动，从而保障公共利益。②

4. 新闻媒体

马克思曾言，报刊按其使命来说，是公众的捍卫者，是针对当权者的孜孜不倦的揭露者，是无处不在的眼睛。③ 随着信息时代的到来和新闻自由的发展，公共媒体正在成为除代议机关之外，表达公众意愿的更为直接和可行的途

---

① 约翰·密尔：《代议制政府》，汪瑄译. 北京：商务印书馆，1984 年，第 80 页。

② World Bank Experts Group, *Social Accountability in the Public Sector: a Conceptual Discussion and Learning Module* , New York: The International Bank for Reconstruction and Development & The World Bank, 2005. 21.

③ 《马克思恩格斯全集》（第一版）（第 6 卷），北京：人民出版社，1957 年，第 275 页。

径，其力量往往源于社会公众的舆论支持，却更容易产生巨大的问责效应。在西方，新闻媒体甚至被认为是立法、行政、司法三大权力之外的“第四种权力”。①“对待腐败行为，新闻媒体的工作是到处打听并大喊大叫。对于一位未被点名的公共官员来说，最令人担心的，莫过于他的名字出现在晨报或者电视上，而又同腐败有关联。这样的新闻媒体的存在本身就是对腐败的一种威慑。”②

5. 行政机关

这里指的是行政系统内部上下级行政官员之间的责任监督与追究。以中国地方政府的实际情况为例，政府官员在其管辖范围内拥有相对集中的权力，但是在一个更大的范围内，他又必须听命于另一个或者一些“政府官员”，以此类推，政府官员之间就形成了若干向下授权、向上服从的权力链条。任何官员都是这种权力链条上的一个纽结，都要承担对上服从、对下管理等责任，因此也都扮演着问责主体的功能角色。另一方面，各级政府官员还应该接受行政系统内部的行政监察、审计监察等特殊问责部门的监督和质询，并相应做出合理的解释。

有学者指出，按施动者进行划分，问责行为包括同体问责和异体问责③，则上述五种问责主体中，前四种应属异体问责主体，第五种应属同体问责主体。异体问责较之同体问责无疑是一种更有效、更符合民主政治精神的问责机制。政府作为理论上的民意代表，实践中并不总是能够真正的代表最广泛的公共道德认同。更何况，这种道德认同在现阶段很难依靠政府的自身力量得以实现，这就需要异体问责通过“他律”最终促成政府的“自律”。

---

① 周亚越：《行政问责制研究》，北京：中国检察出版社，2006 年，第 162 页。

② 王瑜：《国外舆论监督与反腐举措》，《中国监察》，2004 年第 19 期。

③ 内地学者杜钢建认为，所谓同体问责，是指执政党系统或者行政系统内部的问责，而异体问责的内容则主要是五大涉宪主体之间的问责，它包括人大代表对政府的问责制、民主党派对执政党的问责制、民主党派对政府的问责制、新闻媒体对执政党和政府的问责制、法院对执政党组织和政府的问责制。参见杜钢建：《走向政治问责制》决策与信息，2003 年第 9 期；也有学者将立法机关的问责、司法机关的问责和行政机关内部的问责三者统称为权力问责，参见周亚越：《行政问责制研究》，北京：中国检察出版社，2006 年，第 164 ~ 167 页；或者提出所谓的“社会问责”的概念，参见 World Bank Experts Group, *Social Accountability in the Public Sector: a Conceptual Discussion and Learning Module*, New York: The International Bank for Reconstruction and Development & The World Bank, 2005. 4.

4.1.2 对问责客体的不同界定

顾名思义，官员问责的客体必然是政府官员，尤其是政府高层官员，即政府系统内部从事非专业性工作，并且参与高层决策的官员。但在实际的制度设计中，各国、各地区对于问责官员的界定却是五花八门、各有不同，目前在基本范畴上可以纳入到官员问责制度的相关界定主要包括以下几种情形：

1. 按责任性质界定——政务官

这在西方国家比较普遍，即问责的主要对象是居于官僚制度金字塔“塔尖”的政务官（民选官员）。很多西方国家将政府公职人员划分为政务官与事务官，两类官员分途而治。其中政务官实行问责制，就其制定的政策及执行效果向议会负责，他们在任内必须为自己的言行、自己的下属以及自己所属政党承担政治责任、道德责任和行政领导责任；事务官不参与政策的制定而只负责政策的执行，对其的管理主要实行功绩制。这是西方问责制度构建的关键所在。“政治任命者主要向上负责，即对任命他们的民选官员负责，如果他们忘记了这一点，他们就有麻烦了。功绩制准则属于政治上的许可证，或者说，在同样合格的工作候选人中，政治忠诚将成为决定性因素。政治性职位的任职者，重视对政治观念或民选官员或党派的忠诚，并且他们通常不熟悉他们要任职机构的结构和运转情况，虽然他们有很深的政治资历、经验以及坚实的民营部门工作的背景。”① 香港特区主要官员问责制度实质上针对的就是政务官，即由政治任命产生的14个政策局局长脱离公务员队伍，同时列入问责官员的范畴。

2. 按责任制度界定——行政首长

在我国，将行政首长纳入到官员问责制度的范畴，主要缘于一直以来推行“行政首长负责制”的既有惯例。这是一种突出行政首长的特殊地位和作用、与合议制（又称集体领导制、委员会制）相对应的领导制度。行政首长是指依法行使行政权、管理国家行政事务的行政机关的首长，即享有最高职权的正职负责人。通常，行政首长主要享有以下职权，并就这些职权和行为接受监督和问责：（1）对行政机关的目标及实现途径等重大问题的决策权；（2）对行政机关各种活动的指挥权和协调权；（3）对直接下级人员的任免权和奖惩权；

① 唐纳德·E·克林纳、约翰·纳尔班迪：《公共部门人力资源管理：系统与战略》，孙柏瑛译：北京：中国人民大学出版社，2001年，第269页。

(4) 对人力、财力和物力的支配权；(5) 对上级机关的建议权和提案权；(6) 对下级人员的授权；(7) 对外工作的代表权。① 目前我国内地出台了一系列针对行政首长的问责办法，如《重庆市政府部门行政首长问责暂行办法》、《深圳市人民政府部门行政首长问责暂行办法》、《海南省行政首长问责暂行规定》、《大连市政府部门行政首长问责暂行办法》等，都明确规定了问责官员的级别和性质是行政首长。

3. 按职务级别界定——领导（干部）

领导本就是一个相对模糊、难以界定的概念。巴纳德（Bernard M. Bass）在总结各种学派和观点的基础上，提出了有关领导的11种界定：领导意味着群体过程的中心；领导意味着人格及其影响；领导意味着劝说服从的艺术；领导意味着影响力的运用；领导意味着一种行动和行为；领导意味着一种说服的形式；领导意味着一种权力关系；领导意味着一种互动中逐渐形成的结果；领导意味着一种分化出来的角色；领导意味着结构的创始；领导意味着一种实现目标的手段。② 至于领导干部则是一个具有鲜明中国特色的政治名词，主要是指由各级人民代表大会及其常务委员会选举产生或决定任命的政府组成人员。根据我国《公务员法》规定："公务员职务分为领导职务和非领导职务，其中领导职务层次分为：国家级正职、国家级副职、省部级正职、省部级副职、厅局级正职、厅局级副职、县处级正职、县处级副职、乡科级正职、乡科级副职。"同时，根据我国《地方各级人民代表大会和地方政府组织法》第五十六条的规定，领导干部包括：国务院组成人员，包括总理、副总理、国务委员、各部部长、各委员会主任、审计长、秘书长；省、自治区、直辖市人民政府的组成人员，分别包括省长、副省长，自治区主席、副主席，市长、副市长和秘书长、厅长、局长、委员会主任等；自治州、县、自治县、市、市辖区的人民政府组成人员，分别包括州长、副州长，县长、副县长，市长、副市长，区长、副区长和局长、科长等；乡（镇）、民族乡（镇）人民政府乡长、副乡长（镇长、副镇长）等。

事实上，在我国内地各级政府的实际管理和运行中，领导干部的所指多数

---

① 夏书章：《行政管理学》，北京：高等教育出版社，广州：中山大学出版社，2004年，第96页。

② Bernard M. Bass, *Handbook of Leadership: A Survey of Theory and Research*, New York: Free Press, 1990. 98.

时候都非常笼统，难以给定一个比较明确的界限。而作为在政府官员问责风暴中频频出现的核心要素，这种模糊无疑不利于问责制度的科学设计与有效运行。

4. 几个需要强调的问题

尽管有关问责官员的界定并未达成制度上的统一和学理上的共识，但关于这个问题，每一种制度设计都应考虑到以下几个方面：

对所涉及部门和级别的规定。即问责制度所涉及的主要包括哪些部门以及哪些级别的政府官员。在部门类别上，应详细指明问责制度是否适用于政府机关、立法机关、司法检察机关以及其它直属机构、特设机构或派出机构等；在纵向级别上，应规定问责制度的约束对象适用于中央或地方政府部门具体的问责级别。

对正副职的规定。通常而言，官员问责制度的约束对象都指向部门的正职主管官员，但同时应明确规定其所约束的官员是否包括其他承担主管工作的副职，如果包括还须明确副职将承担哪些内容和性质的责任，避免在问责制度运行中出现错问、替代甚至混乱。

对政党因素的考虑。政党政治的发展使得行政问责制度不得不考虑政党领袖在公共行政中的权力影响和责任承担。在进行问责制度的设计过程中，理应明确规定问责对象是否包括政党领袖和主要负责人，及其承担责任的具体内容。但不可否认的是，无论内地抑或香港的问责制度设计，有关政党因素的考虑和权衡都处于尝试阶段，缺乏足够系统和明确的改革思路。

对其他特殊官员的规定。这一点主要是依据各地具体的改革环境而言，因其特殊的政治传统或既有制度基础而产生的在职位和权责方面较为特殊的官员，是否纳入到官员问责体系之中，这往往需要多方面的考虑和论证。以香港主要官员问责制度为例，尽管在制度设计中规定，14 名主要官员全部列入问责范围，但由于香港政府一直以来奉行的公务员政治中立原则，因此公务员事务局局长被纳入政治问责的范畴引起了广泛的争议，持反对意见的观点普遍认为这会影响公务员队伍的政治中立原则。

4.2 问责运行机制的比较

不同的要素界定与观念取向，决定了中国内地和香港两地官员问责运行机制上的明显差异。具体而言，这种差异体现在对政府官员的问责事由、问责方式、信息来源以及问责程序等各个环节的设计和安排之中。

4.2.1 内地官员问责制度的运行机制

根据作者对目前比较具有代表性的若干地方政府官员问责办法的整理，内地的官员问责制主要是指对特定部门的主要领导或行政首长不履行或不正确履行法定职责，致使其领导的机关（系统）政令不畅、秩序混乱、效能低下，损害公共利益或行政管理相对人合法权益，造成重大失误或不良社会影响的行为，依照规定予以过问并追究责任的制度。具体而言：

1. 问责事由

问责的事由，即什么情况可以引起对相关官员的问责，也可称为“问责的触发机制”①。

（1）效能低下，执行上级机关的决策和部署不力。通常包括：无正当理由未能按期完成工作任务，未能贯彻落实国家的方针政策、上级决定和指令；因不履行或未正确履行职责及上级决策和部署，给公共利益、行政管理相对人合法权益或国家财产造成严重损失；对涉及人民群众生产、生活等切身利益的重大问题不及时解决和改进等。

（2）责任意识淡薄，不认真履行管理职责。通常包括：在重大自然灾害、事故和突发事件的紧急时刻，未按规定、要求和实际情况，及时、妥善、有效处理和组织有关救援工作；未按规定和要求建立健全安全工作规章制度、制定公共突发事件应急预案，出现重特大责任事故或造成不良社会影响；瞒报、虚报、迟报重大突发事件或重要情况、信息和数据；因疏于管理、处置不当引发群体性事件，致使国家和人民利益、行政管理相对人合法权益遭受严重损害等。

（3）违反依法决策、科学决策和民主决策要求，发生重大决策失误。通常包括：超越部门权限擅自决策，或重大决策事项和专业性较强的决策事项不按照规定的议程进行决策、公示和多方论证；部门直接负责或者直接管理单位负责的重大建设项目发生重大失误或存在严重质量问题；违反规定安排使用财政资金、国有资产，造成资金浪费或国有资产流失；违法决定采取重大行政措施，导致群众大规模集体上访或重复上访，或引发其他社会不稳定情况；因决策失

① 张贤明：《官员问责的政治逻辑、制度建构与路径选择》，《学习与探索》2005 年第 2 期。

误造成重大人员伤亡或财产损失、生态环境破坏或者其他不良社会影响等。

（4）未做到依法行政或治政不严、监督不力。通常包括：制定发布的文件或政策与上位法或上级政策相抵触；本部门工作效率低下，服务质量差，群众反映强烈；监督管理不力，致使机关工作人员多次发生滥用职权、徇私舞弊和失职、渎职等严重违法、违纪行为；指使、授意、纵容本部门工作人员弄虚作假、阻挠干预监督检查；对本部门工作人员违法、违纪行为隐瞒不报，包庇、袒护甚至纵容；非法干预市场经济活动，或者对扰乱市场经济秩序行为监管不力或纵容、包庇；违规选拔任用干部，或用人严重失察、失误，造成严重后果；因违法行政或管理不力造成严重后果或者不良社会影响的其他情形等。

（5）在商务活动中损害政府形象或造成重大经济损失。通常包括：在招商引资活动中违法违规承诺优惠政策或给予信用、经济担保；在政府采购活动中，不进行招标投标；在资金融通活动中违反国家金融法规和有关政策规定等。

（6）行政首长本人在公开场合言行不当。通常包括：在公众场合发表有损政府形象的言论；违反规定泄漏国家秘密或者所掌握的工作秘密；利用工作之便掌握的未公开信息为自己或者亲属牟取利益；对配偶、子女及身边工作人员的严重违法违纪行为知情不管，或包庇、纵容；其他行为失于检点，举止不端，有损公务员形象，并在社会上造成不良影响的行为；上级政府部门或行政领导认为应当问责的其他情形等。

2. 信息来源与问责方式

根据中国内地目前出台的官员问责法规，可以作为启动问责程序的信息来源主要包括：（1）公民、法人或其他组织署名的附有相关证据材料的检举、控告材料；（2）上级领导机关的指示、批示；（3）人大代表、政协委员提出的问责建议；（4）审判机关、检察机关提出的问责建议；（5）审计、行政监察或其他政府系统内部的法制督查机关提出的问责建议；（6）部门工作考核结果；（7）新闻媒体曝光的材料；（8）其他反映部门行政首长存在问责情形的材料。

可以纳入正式程序的问责方式主要包括行政系统内部的问责、司法机关对行政官员的问责和各级人大对行政官员的问责。

行政系统内部的问责方式主要包括：取消当年评优评先资格或扣发奖金；诫勉谈话或告诫；责令限期整改；责令作出（书面）检查；（通过具有一定影响力的新闻媒体）公开道歉；通报批评；（建议）调整工作岗位；停职反省；

责令辞职；建议免职；劝其引咎辞职，以及法律法规规定的其他方式。同时多数地方出台的问责法规都明确指出，上述问责方式可单独或合并采用。

如果被问责官员同时触犯了法律，则应移交司法机关，依有关规定进行法律责任的追究。

各级人大对行政官员的问责方式主要包括质询、调查和罢免。我国宪法规定了全国人大对国务院及国务院各部、各委员会有提出质询案，并启动特定问题调查的权力，同时地方组织法也相应地规定了地方各级人大的质询权。罢免是全国及地方各级人大通过对大会主席团提交的相关议案进行表决，依法解除违法违纪或不称职官员职务的权力，这一问责方式同样得到了法律保障。但遗憾的是，目前人大对于政府官员的问责监督功能在内地还没有得到应有的彰显和发挥。客观而言，我国内地的问责制度仍然主要是单一的“行政”问责，即行政机关充当了问责主体，而作为最高权力机关的人大，以及作为政治责任最典型载体的政党，其问责功能还远远没有步入制度化轨道。

3. 问责程序

（1）启动问责。通常上级行政首长是比较普遍的启动者。例如《重庆市政府部门行政首长问责暂行办法》规定，只有市长可以根据该办法的规定或合法的举报、建议，决定启动问责程序；《深圳市人民政府部门行政首长问责暂行办法》限定市长可以提请市政府常务会议决定启动问责程序；《海南省行政首长问责暂行规定》亦限定，省长可以责成省人民政府办公厅或者监察厅组成调查组进行调查核实，并根据调查报告召开讨论会议，作出问责或者不予问责的决定。

（2）责任调查。首先，上一级行政首长或其委托的副职责成被问责的行政官员当面汇报情况，并据此向本级①政府常务会议提交建议、讨论追究责任的方式，或者责成同级有关监察部门调查核实；有关监察部门调查结束应提交书面调查报告，上一级行政首长根据调查结论决定是否对相关行政官员进行问责。如需追究责任，仍须提交本级政府常务会议讨论。被调查的行政官员可在会议上进行陈述和申辩；上一级行政首长根据政府常务会议的讨论结果决定追究责任的方式，并由本级政府相关部门书面通知被问责的官员。

（3）责任追究。被问责官员违反政纪、决定给予行政处分的，应交由其上

① 此处的本级、同级是指与问责主体，即“上一级行政首长”同级的行政机关或官员。下同。

一级监察部门依照有关规定和程序处理；被问责的行政官员违反党纪的，应移送组织纪律检查机关处理；被问责的行政官员违法犯罪的，应移送司法机关依法处理。被问责官员对问责决定不服的，可以按照规定的程序和期限进行申诉。

（4）离职处理。如果被问责官员被责令辞职，应当在限定期限内向任免机关提出书面辞职申请，并按有关规定办理辞职手续。如果被问责官员引咎辞职，同样应按照相关规定，首先以书面形式向有关部门提出辞职申请，组织（人事）部门对其辞职原因等情况进行了解审核和集体研究，并作出同意辞职或者暂缓辞职的决定之后，再按照有关规定办理相关手续。此外，引咎辞职的行政官员涉嫌违法犯罪的，应同时依照相关的法律法规和规章规定追究相应的法律责任。①

4.2.2 香港特区主要官员问责制度的运行机制

依据香港特区主要官员问责制度的基本框架以及《问责制主要官员守则》（以下简称为《守则》），香港特别行政区政府的主要官员须承担的责任及问责方式主要包括：

1. 与职责有关的责任

（1）主要官员须全心全意、专心致志履行职责，掌握民意，并以香港特区整体的最佳利益而行事，竭尽所能服务社会和回应市民大众的需要。（2）负责制定、介绍、调整政府政策及为政策辩护，以及争取公众和立法会的支持。（3）为行政长官所指派的政策范畴承担全部责任，并就政策的成败向行政长官负责。在其负责范畴内的事宜出现严重失误时须下台。（4）担任行政会议成员，直接参与讨论和决策，遵行行政长官会同行政会议的决定，并对此承担集体责任。（5）统领有关政策范畴内的执行部门；监督下属部门提供的服务，确保政策能有效地落实。其中三司司长还应负责协调行政长官处理一些重大统筹与协调工作。（6）主要官员不得泄露行政会议的议程、文件或会议过程，或基于他们行政会议成员身分而送交他们的任何文件或得悉的任何事宜。并采取适当的管理措施，妥为保管交付他们的机密文件。

2. 与立法会有关的责任

（1）主要官员通过行政长官对立法会负责，执行立法会通过并已生效的

---

① 必须强调的是，无论是行政处分，还是引咎辞职，中国内地官员问责制度的做法都是辞去领导职务，而非脱离公务员队伍。

法律，定期向立法会作施政报告，并答复立法会议员的质询；征税和公共开支须经立法会批准；（2）主要官员须尽力确保出席立法会的时间，按需要出席辖下委员会、小组委员会和事务委员会，并代表政府发言，提出法律草案和动议辩论，以及就所负责政策范畴的相关事宜参与议员提出的动议辩论和回应议员的质询。

3. 与公务员有关的责任

（1）主要官员须时刻积极维护并推广一支常任、诚实、用人唯才、专业和政治中立的公务员队伍。（2）主要官员须公平恰当地考虑公务员提出的坦诚无私、有所根据的意见，并充分考虑适用于公务员或其它规管政府运作的政府规例。（3）主要官员不应要求，或直接或间接影响公务员，使他们做出：a. 任何不合法、不恰当或有违公务员队伍的基本信念的行为；b. 任何违反政府规例（包括公务员事务规例）的行为；c. 可能涉及行政失当的行为；d. 与他们公务员角色有冲突的行为；e. 违背政治中立原则的行为。（4）主要官员须全力与公务员事务局局长合作，让后者对因公务员投诉被要求做出与他们的公务员角色或公务员队伍的基本信念有冲突的行为，作出跟进。

4. 与个人利益相关的责任

（1）主要官员须向行政长官申报他们与任何政党是否有任何形式的联系、是否属任何政党的成员，以及在政党中有否担任任何职位。（2）主要官员须尽量公开他们所作的决定和所采取的行动。他们须为所作决定承担责任。（3）主要官员须确保在他们公职和个人利益之间并无实际或潜在的冲突，不应利用任何公共资源，进行与政府无关的用途。（4）主要官员须注意，虽然他们的结社自由获得法律保障，但他们须确保在参与政党所举办的活动时，不会引致与政府事务及公职之间产生利益冲突，不会令政府、行政长官或其它主要官员感到尴尬，不会分散他们用于其职务工作的才干和精力等。（5）在任期内，除非获得行政长官的书面同意，主要官员不可作为主管、代理、董事或幕后董事、雇员或以其它身分，直接或间接参与任何其它行业的工作。（6）由于主要官员可能接触高度敏感的数据，包括商业敏感数据，故他们须申报其投资和利益，以赢取公众的信任和信心。

5. 其他责任

（1）主要官员须宣誓拥护《基本法》并效忠中华人民共和国香港特别行政区。（2）主要官员须维护法治，遵守法律，并保障公职的声名不受损。在执行职务和与市民及下属交往时，主要官员必须恪守公平公正的原则。（3）主要官员须时刻严守个人品格和操守的最高标准。主要官员可能因严重的个人操守问题或不再符合《基本法》的有关规定而离职。（4）主要官员在接获外国政府或外间机构的邀请和赞助时，必须征得行政长官的许可。（5）主要官员须就他们以公职或个人身分所遇到的所有犯罪、涉嫌犯罪，包括意图行贿等案件向有关当局举报，而无权酌情决定举报哪些案件。

以上是香港特别行政区政府14位主要官员应该承担的主要责任以及需要遵循的主要守则，行政长官、立法会及公众、媒体等会依据上述责任体系对主要官员进行评价。如果主要官员在其任期内没能认真履行上述职责并兑现自己的政策承诺，其最直接的责任后果是行政长官在其任期结束之后可能不会再考虑对其进行政治任命；如果在其负责的范畴内出现严重失误，引起广泛、强烈的社会不良反应甚至抗议，或者因为严重的个人操守问题以及不再符合《基本法》的有关规定时，主要官员应该主动辞职。否则行政长官会在其认为需要时，终止政府与主要官员的合约。但是，只有委任他们的行政长官才有罢免他们的权力，立法会只能进行质询而无权罢免失职的主要官员。主要官员离职后，可以重返公务员队伍或重新回到社会任职，但在离职后一年内受聘任何工作或投身任何业务，需向政府有关专责委员会征求意见，并接受与其工作性质和利益冲突等相关事宜的调查和裁决。

4.2.3 两地问责制度运行机制的比较

根据前面的介绍，不难看出中国内地与香港问责制度在运行机制上体现出了一系列不同层面的差异，作者尝试性地以表5来直观地描绘这种差异。

表5：两地问责制度运行机制的比较

	中国内地官员问责制度	香港特区主要官员问责制度
界定	对特定部门的主要领导或行政首长不履行或不正确履行法定职责，致使其领导的机关（系统）政令不畅、秩序混乱、效能低下，损害公共利益或行政管理相对人合法权益，造成重大失误或不良社会影响的行为，依照规定予以过问并追究责任。	14位主要官员就其政策成败向行政长官承担全部责任。

续表

	中国内地官员问责制度	香港特区主要官员问责制度
问责对象	通常为行政首长（含主持工作的副职）。	3司（即政务司、财政司和律政司）司长及11名政策局局长。
问责事由	(1) 效能低下，执行不力； (2) 责任意识淡薄，不认真履行管理职责； (3) 发生重大决策失误； (4) 未做到依法行政或治政不严、监督不力； (5) 在商务活动中损害政府形象或造成重大经济损失； (6) 行政首长本人在公开场合言行不当。	(1) 政策失败； (2) 未能定期向立法会作施政报告，并答复立法会议员的质询； (3) 损害公务员队伍的政治中立价值； (4) 个人利益与公职发生冲突，并威胁到政府利益或公众利益； (5) 未遵守《守则》或触犯《防止贿赂条例》、《廉政公署条例》以及其他相关法规； (6) 个人品格和操守受到严重置疑或不再符合《基本法》的有关规定。
启动者	上一级行政首长或行政机关。	行政长官。
问责方式	行政系统问责：包括诫勉、责令整改、书面检查或公开道歉、停职反省、责令辞职和引咎辞职等。 司法机关问责：依法追究责任。 立法机关问责：包括质询和罢免。	(1) 政治信任程度的降低； (2) 失去任期结束后继续获得政治委任的机会； (3) 被行政长官提前中止合约； (4) 引咎辞职。

通过比较可以发现，两地问责制度在设计理念和具体规定等方面均体现出了明显的不同取向。在问责对象上，中国内地各地方出台的行政首长问责制度有着比较明确的对象限定，但其他问责制度和法规在问责客体上尚未达成一致，而香港特区主要官员问责制度有比较清晰的界定；在问责程序的启动者上，两地都主要依靠行政主导的问责方式，即多数由行政首长/行政长官启动问责程序；在责任规定上，中国内地的问责制度更多的强调对否定性责任的追究和惩戒，而香港特区主要官员问责制比较强调对肯定性责任的积极履行；在问责方式和运行机制上，除了对法律责任与道德责任的共同诉求之外，中国内地的问责制度更倾向依靠全面详尽的管理规范来兑现政府官员的行政责任，而香港特区主要官员问责制度则旨在通过政治委任及任期制度来实现主要官员政治责任的全面承担。

4.3　共同的缺陷与不同的困惑

制度本身在设计理念与运行技术上的不完善与持续改进，是任何政府改革都将面临的困惑和情境。中国内地和香港的官员问责制度在构建之初，都遭遇了问责主体、责任标准、问责程序和问责方式等诸多层面的缺陷和困境，并因此在一定程度上制约了两地问责制度的进一步发展。

4.3.1　权力机关的缺位

如前所述，若以主体的内涵进行划分，官员问责一般包括同体问责和异体问责，其中权力机关的问责是异体问责最基础、最核心的机制。但由于行政系统的本质属性，同体问责往往易于推行，而权力机关的异体问责在制度创设初期多会面临不同程度的制约和困境。这一点在中国内地和香港的问责制推行过程中都体现得十分明显。

1. 中国内地政府的官员问责途径已经涉及到了同体问责和异体问责两个领域，但各个问责主体尚未实现权利的明晰与角色的复位，其问责功能亦没有得到充分的实现和发挥。尤其是加强人大的刚性问责功能，已成为我国政府官员问责制度设计中最为关键的突破口之一。

我国宪法明确规定，各级行政机关由人大产生、对人大“负责”。这里的“负责”所强调的首先是政治责任。各级人大作为我国的权力机关，实现异体问责功能的途径主要是质询与罢免。但由于上述规定始终存在着重实体、轻程序的特性和传统，间接导致各级人大及其常委会的质询权、调查权等很少启动。至于人大的刚性问责功能，即罢免功能尤显不足。① 目前来看，官员辞职多是由上级政府或党组织促成的，仍属于传统的“自上而下”的行政或组织处理，而人大往往是政府进行问责后才介入，更多的是流于形式。例如，2004年6月，安徽省委、省政府依据《中国共产党纪律处分条例》、《国家公务员暂行条例》和监察部的建议，在给予阜阳市副市长马明业、市工商局局长周

① 我国宪法虽然规定了人大的罢免制度，但也主要是对违法犯罪的官员才实行。据统计，从2000年到2003年，新闻媒体报道的23件全国及地方各级人大质询案中，牵扯撤职和罢免的只有5件，其中，直接撤换或罢免的政府官员只有2名。杨文军：《质询案现状管窥》，《人大研究》，2003年第10期。

毅生党内严重警告、行政记大过处分的同时，还一律责令辞职。但是，依据我国宪法和法律的相关规定，副市长是由市人大或其常委会任免的，市工商局局长是由市人大常委会任免的，除非本人主动提出辞职，或者人大（常委会）强迫或接受其辞职，否则不得终止其法定任期。由政府责令人大选举或任命的官员辞职，不仅不合情理，也于法无据。更重要的是，颠倒了人大与政府之间监督和被监督的关系。①。

官员问责的出现是一种政治进步的体现，但最关键的是寻求保证其有效运转的持续性动力。只有依靠外生的力量制衡，才能够保证行政改革始终向着民主化、科学化的方向推进。因此，在问责制的成长过程中，如何发挥权力机关“异体问责”的作用，对于制度的发展和完善具有决定性意义。

2. 在香港特区主要官员问责制度框架下，由于所有问责官员均由行政长官任命，立法会功能角色无法得到正常的发挥，这已经成为制约香港主要官员问责制度发展的重要因素。

由于特区主要官员由行政长官而不是立法会任命，有可能导致的一种情况是，主要官员会更倾向于向行政长官负责，却未必会向公民和立法会负责。在这个制度下，如何体现《基本法》所规定的“行政机关向立法机关负责”，以及“循序渐进”地实现民主化？对此，时任特首董建华认为只要能够聘请到公务员团队中及外界的优秀人才加入，问责制度便会成功。他相信获聘的主要官员从外界来参与政府工作，并非是为了钱、为了权力，而是因为他们对香港有承担，希望为香港的前途作出贡献，所以他们为此作出个人牺牲。② 事实上，这种回应更多的是从个人意愿和美好的初衷层面去解释，而无法在制度结构上解决这一问题。

根据《基本法》第四十八（五）条规定：主要官员由行政长官提名，中央人民政府任命，必要时由行政长官建议中央人民政府免除他们的职务。并无订明立法会罢免主要官员的机制。立法会对主要官员通过的不信任议案并无法律约束力，亦不会导致有关官员被罢免。尽管当局强调，引入新的问责制度的目的在于回应公众的诉求，加强主要官员的问责性，使获得政治任命的官员为特定政策范畴内各项政策的成败承担个人责任，一旦政策上有任何失误，也可

① 杜钢健：《危机管理与政治问责制》，《新东方》2003 年第 5 期。

② 2002 年 11 月 12 日香港特别行政区立法会会议过程正式记录.

尽快发现并加以纠正，以免造成不可弥补的损害，而不是强调某些官员因严重的政策失误而最终被免职或辞职。并且当局曾承诺：若立法会通过对某位主要官员的不信任动议，行政长官会考虑多方面的因素，包括导致这项动议的有关情况。但事实上，如果无法从制度上明确如何承担负面责任，就不可能有效地兑现积极意义上的政治责任。换言之，根据现行建议，罢免主要官员的权力只属行政长官一人所有，立法会在任免主要官员方面并无任何实质性权力。同时也并没有任何惯例或机制确保行政长官会因应民意行使罢免权。在这种基础上，主要官员问责制度仅有助于加强行政长官对主要官员的控制，但在加强主要官员或政府向立法会负责方面的作用却值得置疑。

若不考虑政治发展空间的束缚和妥协，理论上立法会在香港特区主要官员问责制中至少应该承担以下几方面的角色：首先，立法会应在任命过程中担当某种角色，在中央人民政府正式作出任命之前，获提名的人士应到立法会席前回答质询及解释其政策目标。事实上，这种做法亦会改善行政机关与立法机关的关系；其次，制订宪制惯例，在立法会通过不信任表决后，有关的主要官员应辞职或行政长官应免除他的职务，此种宪制惯例最终应纳为法例。

4.3.2 责任标准的模糊

在问责制创设之初，精准的责任标准往往不可能一蹴而就，而模糊甚至混乱的责任划分标准势必在很大程度上制约问责制度的监督效应。这一点在中国内地发展问责制度的过程中体现得尤为明显：

1. 行政官员的多重身份

由于我国实行党管干部原则，同时人大代表未实行专职制和常任制，多数政府官员同时又是党员，还有些是人大代表。不同的政治身份要求政府官员向不同的对象负责：按照公共行政理念，政府官员所负责的对象是行政机关；按照政党政治的要求，党员应该向其所属的政党负责；按照代议制的要求，民选官员应向代议机关负责，同时代表应该向其选民负责。这种多重身份的状况导致政府官员在责任划分和承担中的混乱。因此，当务之急是必须明晰官员在党、政及人大三个系统中的责任身份和责任关系。

2. 正副职之间权责界限的模糊

在行政系统内，根据国务院组织法和地方各级人民代表大会以及地方各级人民政府组织法的有关规定，乡（镇）以上人民政府直至国务院都实行行政首长负责制，即行政首长个人对其所在的行政机关职权范围内的事宜有处理的全权，并承担相应的责任。但根据宪法第一百零一条的规定，地方各级政府的“副职”既不是首长提名的，更不是首长决定的，而是由同级人大选举产生，并由人大罢免，即副职产生程序与地方政府的首长产生程序完全一样，因此在制度安排上，副职也应当向产生他的权力机关负责。但宪法和法律并未明确规定副职如何承担责任，是作为行政机关一员向首长负责，还是独立于首长之外向产生他的人大负责？这些标准至少在目前看来都是模糊的。

3. 部门之间的职权交叉

我国政府部门间职权不明的问题由来已久，这给责任的确认带来了很大困难。对于某一事项，往往上、下级行政机关都有管辖权，平级的不同部门也可能都有管辖权。职权的交叉导致严重的责任模糊和相互推诿。目前对于我国内地的问责制度而言，解决这个问题比较容易推行的办法是，启动和运行问责时令所有拥有相关职权的行政官员共同分担不同程度的责任。但这只是权宜之策，最为根本的解决途径还在于进一步完善政府组织法和授权法。①

4. 职位之间责任划分的笼统

出现了应该问责的行政失范行为，责任应该追究到哪一级，这也是亟待明确的一个标准。在目前凡事强调“行政首长负责”的现状下，责任和风险越来越多地集中在“一把手”身上，这让很多官员无所适从甚至有朝不保夕之虑。这样过大的弹性空间必然导致问责可能出现有失公正的情况。究其原因，一方面，编制法的不完善是导致行政官员职责不明确的一个原因。不是定职能、定机构再定编制，而是存在很多因人设事的现象，这势必导致各个职位的职责无法具体化、确定化。另一方面，我国现行的《职位说明书》制定不合理，非常笼统，没有体现出不同职位的真正的职责界限，很多行政部门甚至根本没有制定职位说明书，更没有针对职位进行管理。岗位职责的模糊性必然导致责任划分标准的弹性过大，界限不清。

在香港特区主要官员问责制度运行中也存在着标准模糊的问题。虽然特区政府制定了《问责制主要官员守则》，但其中的问责标准并不够清晰明确，行政长官如何具体把握问责尺度也有待改善。有关调查机构已经提出了立法会应尝试建立严格的情境标准，来行使其对政治任命官员的监督和制裁权，包括：(1) 该问责制官员管辖的施政范围出现严重政策失误或行政失当，严重损害

① 王成栋：《政府责任论》，北京：中国政法大学出版社，1999 年，第 166 页。

公众利益或公众对政府的信心；（2）该问责制官员领导的政策局或属下部门推行政策时，出现严重领导失误，因而严重损害公众利益或公众对政府的信心；（3）该问责制官员的行为严重损害政府的声誉和诚信。[①] 但一方面，香港尚未形成宪制惯例，无法提供相应的责任判断标准；另一方面，立法会在问责制度运行中的功能角色无疑限制了其对明晰问责标准的建议和贡献。

4.3.3 问责程序的混乱

如前所述，从发展阶段上看，问责制度可以划分为行政性问责与程序性问责，前者的特征是：（1）问责的依据是行政性的，一般只有行政性文件作为依据，或者行政首长的临时性决策；（2）在权力配置方面，问责往往取决于领导人的意愿和意志；（3）与有问责权力的行政领导人相比，需要承担责任的官员，往往是下级，在问责过程中处于十分消极被动的地位。行政性问责的这些特征使得问责实践很不稳定，也很难形成长期化的效果。与行政性问责相反，程序性问责的特征是：（1）问责的依据都是法律性的，有充分的法律依据，而不是简单的行政性文件或临时性的行政决策；（2）在权力配置方面，责任面前人人平等，责任是一项制度，其力度由法律确定，其中，引咎辞职则完全取决于官员自身的意愿，由官员自己根据具体的情况作出判断；（3）关于承担的责任，除引咎辞职的责任由官员自己确定是否需要承担之外，其他客观责任则通过一定的程序来确定；（4）在问责过程上，给问责双方充分、平等的发表意见的机会，而且，在程序运行中，应当更多的关注被问责官员的权利，给他们开辟更为有效的权利救济渠道。[②]

行政性问责往往是问责制发展的初期阶段，但要实现问责机制持续有效的运作，就需要进一步走向程序性问责。为此，必须进一步完善问责制的各项程序，通过程序保障使责任面前人人平等，以尽可能减少问责过程中的人为因素。可以说，正当程序是任何一项健全制度的必备要素，正是程序决定了法治与人治之间的基本区别。

仍以中国内地为例，尽管各地方政府关于行政问责的制度建设正在如火如

---

① 新力量网络管治改革小组（www.synergynet.org.hk）：《香港特区管治改革报告系列：向谁问责？如何问责？》，2002 年 6 月.

② 有关问责的行政性与程序性相关论述，可以参见毛寿龙：《行政性问责与程序性问责》，《决策咨询》，2004 年第 8 期；郭光东：《“问责风暴”背后的制度四问》，http://www.nanfangdaily.com.cn/zm/20040708/xw/ttzs/200407080010.asp，2004 年 7 月 8 日。

荼地进行之中，然而冷观问责风暴不难发现，一些地方政府出台的行政首长问责暂行办法中，对行政部门“一把手”辞职的规定，恐有违宪之嫌。① 要解决这些问题，关键是从行政性问责走向程序性问责，即把问责制度法律化、制度化，通过立法形式来完善而不是通过行政命令来实施，这才是防止问责制度流于形式或陷入“人治”误区的关键。

内地问责制度缺乏程序化规范还表现在对问责官员的后续管理措施尚不够明确。官员去职后何去何从，人们在对问责制予以肯定的同时，也在关注着引咎辞职与免职的“下文”。官员去职后能否复出？是否存在一个可供参考的标准，还是具有很大的随机性和行政性。从目前我国问责制度推行的情况来看，许多地方都对引咎辞职和被免职的官员采取了“保留原级别，由组织上重新安排工作”的措施。而如若问责后任意地重新起用，势必损害问责制度本身的严肃性与公信力，弱化其正面效应，尤其在社会心理方面的伤害更为深远；而另一方面，一些地方官员在去职一段时间后的正常起复又招致议论甚至责难，这其中，缺乏官员问责的后续管理规则是一个重要原因，进而势必导致问责的效果大打折扣。比较切实可行的措施是建立对于引咎辞职官员的跟踪机制，对其辞职缘由及辞职后具体去向和工作表现保持关注，既不能因为一时过失而埋没人才，也不可以让部分人经此曲线复职。② 可见，建立完善的官员问责制度，不能也不应该缺少后续管理措施，这关系到问责制度是否能真正落实。

4.3.4 引咎辞职的滥用

引咎辞职是官员问责制度中诸多问责方式中的一种，源于官员因其过失行为对道德责任的承担，它更多的是一种以自愿为前提的自觉行为或个人行为，而非强制行为或行政处分。这种自愿承担责任的个人行为，由于其影响广泛、

① 如前所述，根据我国宪法和法律的规定，“撤职”的行政处分，只能针对政府有权单独选任的公务员，而不适用于人大选任的公务员。

② 国内学者张成福认为，“这关键取决于他犯的是什么错。……如果官员仅是道义上的责任，那么可能被重新任用。”即一些官员的辞职，往往是出于舆论的重压，以及为平息“民愤”等诸多原因而作出的决策，这类官员的重新任用是有合理解释的，只是这一合理的行为亟需程序上和制度上的佐证与支撑。参见：《中国被问责官员：部分复出 关键要看犯了什么错》，http：// news. qq. com/ a/ 20050523/ 001445. htm，2005 年 5 月 23 日。《四川省党政领导干部引咎辞职暂行办法》中也明确规定：“对引咎辞职的领导干部，可根据实际情况安排适当职务，其工资等待遇根据新岗位确定。”

易于“操作”等特性，往往在问责制度产生或创设之初，被作为回应和挽回民意、承担政治责任的主要手段。但在缺乏合理制度规范的条件下，也存在着较大的滥用风险，进而减损官员问责的制度效应。

仍以中国内地为分析对象，尽管相关规定在我国部分法律法规中早已涉及，但直到2003年的“SARS”危机，引咎辞职才引起中国社会的广泛关注。就其本义而言，引咎辞职的主要压力来源于公众（社会）的舆论谴责，及个人在道德、良知上的自我愧疚。换言之，即使官员无须为某一事件承担任何法律责任和行政责任，但只要舆论压力形成了，或者公众失去了对某个官员的信任，他也有可能出于道义感和责任感而辞职。这就是引咎辞职区别于法律追究、行政处分和政治罢免的特别之处。

一般而言，引咎辞职只适用于那些工作严重失误、失职造成重大损失或恶劣影响，或者对重大事故负有重要领导责任的政府官员，而不是指凡是下属或辖区内发生问题，就一定要求相关的领导干部引咎辞职。这一点如果不能得到明晰和强调，不但不能发挥引咎辞职应有的警戒作用，反而会泛化领导干部的责任范畴，甚至有可能会为个别人实施打击报复提供便利。我国目前的政治发展程度还不高，在问责制度推行中还存在一系列的制约因素，如我国相关制度还不够完善、政务公开程度较低、公民政治素质不高、某些消极的传统官场文化仍然存在，以及长期沉淀积累的其他改革问题等，这会对引咎辞职的客观效果产生消极影响，如果处理不当，引咎辞职难免会善始不善终。

有鉴于此，在问责制度创设过程中，有必要对引咎辞职进行定性分析。一是明确可以提请引咎辞职的官员级别。引咎辞职的适用对象应仅限于通过民选或政治任命产生的政务类官员及其他担任重要职务的领导干部，而不应包括其他公职人员①。二是明确可以提请引咎辞职的责任级别。既要防止一些恶性重大事故的直接负责人欲以引咎辞职作为保护伞，冠冕堂皇地逃避责任；又要避免以引咎辞职代替官员问责，不论责任大小动辄就要引咎辞职的情况。三是切忌将引咎辞职作为官员问责的“万金油”。即使行政失范行为及其主要责任人均符合上述两条标准，也不意味着就一定要引咎辞职。对此，有必要建立健全引咎辞职的批准制度，责成人大对于官员引咎辞职的原因、性质、责任划分及其个人态度等进行公平、公开、透明的调查，从而杜绝由于责任划分不当等隐

① 金太军等：《引咎辞职的双重效应分析》，《学术研究》2003年第1期。

性因素造成的不当辞职，保证引咎辞职的合理性和有效性。此外，也可以考虑建立官员政绩评估档案，作为其辖区内发生重大事故后，确定对其进行何种问责的标准并予以公开，使公众与民意机关能在信息完全的前提下做出理性的判断。

第 5 章

问责制度现实价值的比较：一般诱因与特殊诉求

在对政治现象进行比较研究的过程中必须对价值选择问题保持高度的敏感性。一项制度或一种行为真正的价值和意义，必然依赖于所发生之国家或地区的常规惯习。功能相同的制度在不同的国家和地区，很可能会由于不同的诱因，进而产生截然不同的结构形态、制度价值和发展意义。官员问责制度的构建缘于现代民主行政的责任取向，但在中国内地和香港特别行政区两地，又势必会体现出若干不同的价值诉求。

5.1 问责制度的一般诱因

政府对社会系统实施成功控制，是以不断满足社会系统日益增长的需求为前提的。换言之，政府只有不断适应发展的社会、政治和经济环境，并进行相应改革，才能维持其生存与发展。然而，政府发展模式的“适应性”决定了其相对于社会发展的“滞后性”，因此政府与外部环境的不平衡状态就成为常态，这种不平衡进而构成了政府改革及制度变迁的压力与动力①，官员问责制度的产生机理亦不例外。具体而言，这种普遍性的社会压力与制度价值主要体现在适应民主政治的发展需求、基于先进管理思想的示范、弥补有效制度的短缺以及应对突发的社会危机等四个方面。

① 对于政府系统与社会系统之间存在的“平衡与失衡”问题，谢庆奎在分析中国政府机构改革的必然性中引入生态学的“生态平衡理论”，在此基础上，提出了用于分析中国政府机构改革的“政府机构平衡发展理论”。参见谢庆奎：《中国行政机构改革的回顾与展望——兼论行政机构改革的长期性》，《学习与探索》1997 年第 6 期。

5.1.1 民主政治的发展需求

民主政治是现代公共行政发展的基本方向和本质要求，这意味着，社会公众是授权者和被代表者，政府是被授权者和代表者，其政策和行为应该处于社会公众的控制之下，以社会公众的意志为依归，即对社会公众负责。① “没有经过人民的同意和授权，代表就失去了正当性的根据和存在的理由。主权在民作为一种政治原则，不仅为代表的正当性提供了依据，回答了代表是代表谁来管理社会的问题，也为代表的存在设定了义务和责任。”② 而责任机制在民主政治中的最终目的就在于确保政府（被授权者和民众代表者）对民众偏好和需求的回应，进而使政府及其官员对民众更加负责。具体而言，随着民主政治的发展，政府被要求更加合理地分配和利用公共资源，提供更高质量的公共服务和公共产品，其必要的途径就是政府要为自己的管治行为和政治成败高度负责。这是民主政治和法治国家的必然要求，也是实现政府高效廉洁的基本保障。然而，责任政府不会自然生成，其实现也不能仅仅依靠政府及其官员的自觉性，而必须构建完善、健全且强有力的责任监督制度，否则责任政府只能成为公民难以企及的空想。

包括中国内地和香港特别行政区在内的任何国家和地区，在推行官员问责制度的价值考量中无不强调其对于现代民主政治发展的推动作用和深刻价值，即通过加强对政府权力运行的制约和监督，将公共权力，尤其是重权置于常态化的监督控制之中。在这个意义上，问责制度无疑能够加强政府官员的责任意识，保证政府的政策和行为务必以人民的利益和意志为归依，保证政府官员把人民赋予的权力用来为人民谋利益，同时有效地惩治和防止权力腐败。“只有当受治者同治者的关系遵循国家服务于公民而不是公民服务于国家，政府为人民而存在而不是相反这样的原则时，才有民主制度存在。”③

此外，官员问责制度通过对官员的任用、考核、升迁以及罢免等环节的严格监督，不仅可以广纳贤能，建立高素质的官员队伍，更能激发政府官员的士气，提高行政效率和施政质量，改善政府形象。一个负责任的政府必然是由有

---

① 张贤明：《官员问责的政治逻辑、制度建构与路径选择》，《学习与探索》2005 年第 2 期。

② 周光辉、彭斌：《理解代表——关于代表的正当性与代表方式合理性的分析》，《吉林大学社会科学学报》2004 年第 6 期。

③ 乔·萨托利：《民主新论》，冯克利等译．北京：东方出版社，1993 年，第 38 页。

着负责精神的公务人员组成，其中的关键就是掌握重权的高层官员，他们的责任意识、敬业精神和道德感对于构建责任政府无疑具有重大的标杆效应和根本价值。

5.1.2 先进管理思想的示范作用

自20世纪70年代以来，无论是西方国家、新兴工业国家，还是前苏联国家或其他发展中国家，都普遍面临着机构膨胀、财政赤字、传统官僚体制失效等“政府失灵”问题：民众希望政府提供更多、更好的服务，但公共管理者却往往因为各种原因疲于应对；政府必须处理的公共事务日益增多，但可用的公共资源却日益紧缩；政府同时还需要应对全球化、知识经济的技术变革、公众需求的多样化等外部环境的挑战，这使得传统的政府架构、运作流程以及管理体制显得捉襟见肘，兑现政府责任更是无从谈起。为了提升国家的竞争力，各国政府纷纷进行大刀阔斧的行政改革，掀起了“新公共管理”、“新公共服务”等改革运动，并且卓有成效。

“公共管理改革的战略措施包括政府权力下放、缩减政府规模、减少繁文缛节、提高决策能力、增加行政的自由裁量权、鼓励采用私营部门管理方法、结果导向、更加重视绩效测量和使政府责任更加透明化，这些改革已经改变了行政文化内涵，并推动行政管理者在其工作职责中更加重视对政府效率、效果和责任回应的追求。”① 新公共管理的应用被认为是在公共部门中出现的一种全新典范，“这种新的典范对曾被认为是公共行政的一些基本的、几乎是永恒的原理提出了直接的挑战。”② 其核心要义就在于它非常强调公共行政对行政结果应该承担的责任关系。新公共管理理论认为，政府不是高高在上、自我服务的官僚机构，政府服务应以顾客为导向，从而增强对社会公众需要的回应力。顾客责任是政府对公民的直接责任机制，行政部门应该像企业关注顾客一样关心公众需求，有针对性地为不同公众群体提供快捷的服务，以满足社会的多元需求。③ 世界各国政府都进行积极的行政改革以适应这一潮流的变化，例

① Barbara S. Romzek, Dynamics of Public Sector Accountability in An Era of Reform, *International Review of Administrative Sciences*, 2000 (1): 21. 18 ~25.

② Owen E. Hughes, *Public Management and Administration: an Introduction* , Palgrave Macmillan, 2003. 1.

③ 李军鹏：《西方责任政府研究的主题、框架与学说动向》，《广东行政学院学报》2007年第6期。

如英国于20世纪80年代推行了西欧最激进的政府改革计划，即著名的《改变政府管理：下一步行政方案》，提倡采用多种私营部门的管理手段来改善政府管理，提高公共服务的效率，更好的履行政府部门的职责；美国的新公共管理改革甚至更早，其在1978年卡特政府时期就推行了《文官制度改革法案》，以明显带有管理主义的倾向，寻求提高政府效率、改进官僚机构的改革路径。

新公共服务理论是在批评新公共管理理论的过程中产生的，它力图在新的改革环境中复兴传统的公共行政责任理论，并主张一种复杂的行政责任观念："这种民主责任的模型有两个主要的组成部分。第一个组成部分是公务员认真对待政治权威的责任。第二个组成部分涉及随着对于他人职责的义务以及负责的公务员在政策制定和政策执行中的角色而定的一系列责任。"① 在新公共服务中，责任被广泛地界定为一系列专业责任、法律责任、政治责任和民主责任。但责任机制在民主政策中的最终目的在于确保政府对公民偏好和需要的回应。行政官员则应该成为一个复杂治理系统中负责任的行动主体，他们可能扮演的角色有促进者、改革者、利益代理人、公共关系专家、危机管理者、经纪人、分析员、倡导者，以及最重要的是公共利益的道德领袖和服务员。②

进入新千年之后，建立责任政府和透明政府的国际潮流日趋突显，加强政府官员的责任已经成为一种世界性改革潮流。联合国在其千年宣言中提出了提高政府和官员的公共行政能力和责任以适应时代发展的要求："公共部门的人员应满足公众增加发言权和加强问责制的要求。公共部门同其它部门之间的区别是公共部门向公众负责，这种问责制要求有效地管理其有限的资源，而且管理方式要明智，着重关键目标，符合民主要求。"③ 全球化的竞争不仅是企业之间的竞争，更是国家之间的竞争，实际反映的是各国政府之间能力的强弱。这种世界性的构建责任政府的潮流为官员问责制度的实施提供了一种竞争的压力和挑战，迫使各国政府必须探索新方法、新模式，进行政府及其官员责任制度的变革。这对后发展国家和地区无疑产生了强烈的冲击和压力。

---

① Janet V. Denhardt, Robert B. Denhardt, *The New Public Service: Serving, not Steering*, New York: M. E. Sharpe, 2003, p. 134.

② 李军鹏：《西方责任政府研究的主题、框架与学说动向》，《广东行政学院学报》2007年第6期。

③ 《公共部门优质人员配置战略》，联合国公共行政专家委员会第二届会议，2003年8月.

5.1.3 弥补有效制度的短缺

制度的有效性通常是指某种特定的制度对于人的行为发生现实影响的效力。由于制度需求和环境要求的不断变化，有效的制度常常表现为一种稀缺性资源，即较之于现实需求而言，有效制度的供给往往是不足的、短缺的，这在本质上是制度需求与制度供给不均衡状态的表现结果。造成制度短缺或需求—供给不均衡的原因，在于制度本身所内含的以及制度供给发生过程中的一些本质特征，主要包括三个方面：

首先，制度作为公共物品的非排他性。在制度产生和供给的公共选择过程中，易产生集体行动的“搭便车”、规避责任等机会主义行为。人们往往倾向于分享新制度带来的好处，却不愿分担实施新制度导致的成本。[①] 这导致的后果往往是新的有效制度错过最佳的构建时机甚至最终难以实现。

其次，制度供给的滞后性。如前所述，新的有效制度供给的实际发生总是源于既有制度的失效或是短缺，因此与现实的制度需求相比，新制度的供给总是不及时的，显现出滞后性。[②] 对于以政府为主体的制度安排更是如此。这是因为对于政府来说，评价制度效用的外生函数变量尤其复杂，除经济指标外，还要更多的考虑到政治因素、社会因素等等，而这些外生变量均具有抽象、难以量化和衡量的特征。例如，虽然既有制度已经失去效用，但由于它比较符合现有的组织文化或观念习惯，又或者形成了一个比较稳固的既得利益团体来维护其存在时，新的制度供给就往往会迟滞甚至难以发生。再如，制度设计者在推广新制度时，如果没有获得集团或组织成员的一致认同，那么新制度的供给也可能遭遇到迟滞甚至是终止。

第三，制度借鉴与移植的不兼容性。制度作为一种公共物品，具有非常显著的“生态性”，其移植和借鉴在理论上似乎可以降低制度变迁的成本，但若将制度移植过程中所产生的摩擦成本考虑进来，其结果往往并不乐观。这一点

---

① 这就是美国学者奥尔森（Olson. M.）等制度经济学家所探讨的“集体行动的逻辑困境”，即个体的理性选择导致集体的非理性选择。

② 美国经济学家诺思（D. C. North）将这种时滞划分为四个部分：认识外部利润到组织团体行动的时间；设计制度安排选择集的时间；菜单选择的时间；取得一致意见以启动制度安排的时间。参见 L. E. 戴维斯，D. C. 诺斯：《制度创新的理论：描述、类推与说明》，R. 科斯，A. 阿尔钦等：《财产权利与制度变迁——产权学派与新制度学派译文集》，上海：上海三联书店，上海人民出版社，1994 年，第 295 ~ 326 页。

在我国内地问责制度构建过程中体现得尤为明显。尽管西方国家的“问责”概念由来已久，并且其制度构建与运行程序已经发展得颇为成熟和完善，但是由于政治制度和政治理念上的根本相异，西方国家的问责制度与程序等一直无法轻易地引入到我国的政府责任制度体系中。

从有效制度短缺的分析角度，同样可以清晰地诠释香港特区主要官员问责制度产生的动因，即原有的制度安排不能满足新的政治环境对政府责任的要求。香港公务员制度是英国殖民统治的政治产物，回归之后，不断出现的社会问题和日益复杂的执政环境，对香港特区政府主要官员提出了更高的要求，既有的主要官员管理制度与权责关系在执政有效性方面的消极影响及矛盾日益显现：主要官员的公务员身份与其日益增强的政治色彩不适应；在市民对政府的问责性要求日渐突出的情况下，政府高级决策者的终身制、常任制等无法为其本身的施政行为及成败负起责任；主要通过公务员系统内部选拔任用的这些政府高级官员的专业素养无法适应公共政策的专业性要求，容易出现外行领导内行的情况，等等。这一切都突显了官员责任约束制度的短缺和不足，催生有效制度的改进与变迁，以确保政府可以更好地回应社会的诉求，不断提高公共政策的有效性。

5.1.4 应对突发性公共危机

信息社会的发展使得公共领域面临越来越多的变量和不确认性，公共管理因此也变得日益复杂和充满风险。因此，危机管理正成为世界各国当务之急的研究课题。何为危机？汉语字典中的解释为“危险和机遇”，英文韦伯辞典解释为“有可能变好或变坏的转折点或关键时刻”。学界则认为，“危机就是对一个社会系统的基本价值和行为准则架构产生严重威胁，并且在时间压力和不确定性极高的情况下，必须对其作出关键决策的事件。”①

在全球化的背景下，危机已经不再是远离我们生活之外的事情。它的产生具有突发性、不确定性、破坏性等。② 但其最重要的特性在于双重性，即危机是事态“转机与恶化的分水岭”③，这也可以解释为什么当代世界公共危机事

① Rosenthal Uriel, Charles Michael T, *Coping with Crises: The Management of Disasters, Riots and Terrorism*, Springfield: Charles C. Thomas, 1989. 54.

② 肖鹏军：《公共危机管理导论》，北京：中国人民大学出版社，2006 年，第 10 ~ 12 页。

③ S. 菲克：《危机管理》，韩应宁译. 台北：经济与生活出版事业公司，1987 年，第 3 页。

件的频发却造成了另一种局面：越来越多的制度变迁不再是政府改革战略的结果，而是以危机应对措施的形式产生。中国内地与香港特区官员问责制度的构建都充分诠释了公共危机对于制度变迁的直接推动效应。

对于中国内地而言，2003年的“SARS”危机成为官员问责制度产生的直接引擎。在这次没有任何事前准备及经验可循的传染病疫情中，内地个别政府官员对于实际状况的麻痹大意及虚报、瞒报，加速了疫情的扩大和蔓延，使中国不可避免地迅速卷入这次世界性的传染病危机，并成为全球主要疫区之一。为了迅速摆脱这次大规模的社会危机，内地政府明智的选择了激进式的应对措施，掀起了一次全国性的“问责风暴”。据当时的不完全统计，仅仅2003年春季，内地就有上百名不同级别的政府官员因为“抗非”不力而受到降职、撤职或其他处分。在一次突发事件中受到惩处的官员人数之多、范围之广、力度之大，十分罕见，这立即引起了强烈反响和广泛效应，并直接促成了官员问责制度的产生。

相较之下，香港特区主要官员问责制度的改革情境更为复杂。“九七”回归使香港摆脱了殖民地的身份，公民及特区政府对于这种身份的认同与意识却不能随着这一政治事件而立即实现过渡和转化。可以说，香港特区主要官员问责制度在一定程度上是当时香港所面临的经济危机、社会认同危机以及港府管治危机共同激化和推动的结果。

首先在经济上，香港回归后，经济发展模式面临前所未有的挑战，加之金融风暴的冲击以及回归前“高通胀、高地价”经济政策下累积的经济泡沫的破碎，整个社会的投资消费迅速萎缩。2001年，香港经济只有0.1%的轻微增长，劳工市场的情况不断恶化，失业率到2001年底升至6.1%，本地需求疲软，贸易、旅游及运输业大幅下跌。①

在经济低谷和政治变迁的冲击之下，香港特区政府亦出现了无法回避的管治危机。主要原因在于大部分政府官员未能及时适应政治生态的转变，公务员体系由于长期缺乏问责意识，仍然保持英式文官体制下长俸官员的思维和心态。这种心态导致特区政府难以形成一个团结的、有共同治港理念的管治核心，影响了特首和政府的管治威信。其结果是，一些社会反响强烈的政策失

① 香港金融管理局2001年年报：《经济与银行业概况》，http://www.info.gov.hk/hkma/ar2001/report/chinese/PDF/Economic.pdf，2001年12月29日。

误，虽引起市民的强烈不满和严厉批评，但却没有高级官员为这些重大政策失误负责①，当局在危机面前令人失望的表现和复杂的民众情绪，共同加剧了各个层面的危机及其给香港社会造成的震荡和打击。

对于刚刚摆脱了殖民地身份的香港特区政府而言，真正迫切需要的并非立即着手于解决眼前的一系列社会危机，而是要从根本上转变政府当局的形象，提升香港市民对特区政府的信心和支持。在这种复杂的背景之下，时任特区行政长官董建华选择了一项他认为可以引领特区政府走出信任危机的改革策略，即推行主要官员问责制度。尽管有关这项改革举措的程序、意义和可能实现的预期效果，引发了全社会各个阶层的争议和辩论，但是根据当时香港本地若干知名研究机构的调查结果显示，赞同、支持实施主要官员问责制并对此项改革怀有一定信心的民众及公务人员仍占多数。②

5.2 内地官员问责制度：重塑行政文化与干部人事改革

中国内地的行政改革一直在经历传统文化与现代理念的矛盾融合，这代表了一种典型的行政发展阶段和轨迹。官员问责制度的兴起，意味着中国行政改革的关注点开始从机构职能转向公共权力，它要求公共权力的行使者务必承担相应的公共责任，这对于一个始终深受政治传统痼疾影响、已经进入改革深水区的社会而言，无疑具有特殊的发展价值和改革效应。

5.2.1 重塑行政文化

问责制度是迈向责任政治的重要一步，内地在经历反复的机构改革历程之后，若要实现行政改革乃至政制体制改革的持续深入，已经到了必须转变行政文化，尤其是重塑行政文化的发展阶段。问责制度对于内地政府改革的首要价值就在于它将矛头指向了内地行政领域的“文化革命”，即强调“为官者”（公共权力的行使者）必须树立正确的为官意识、法治意识和责任意识，真正兑现其承担的公共责任。

---

① 例如，1997 年爆发的禽流感处置不够及时的问题、一些公营房屋建筑中出现的短桩问题、赤鱲角新机场启用时出现混乱的问题、由于政府不理会现有的招标制度而使数码港的发展权处置不当的问题，等等。

② 关于香港主要官员问责制实施前的公众咨询与民意调查情况，本书将在 7.1.2 中进行详细论述。

1. 服务意识冲击官本位思想

责任行政强调，政府存在和发展的基础是为公众服务，政府及其官员所享有的公共权力源于公众的授权，因此必须响应公众的需求，否则就失去了运行的合法性。但中国二千多年的封建君主专制统治，使崇拜权力的行政文化，即“官本位”的思想根深蒂固。“官本位”实质上是一种官职和权力崇拜，是一种“以官为本”、“官贵民贱”的社会群体政治心理，这种价值标准曾深深烙在中国人的心底，支配着人们的行为选择。如今这种传统痼疾在现实政治生活中的影响并没有完全消除，甚至仍在一定程度上支配着人们政治行为的选择。尽管“为人民服务”的话天天讲，“执政为民”四个字时时见，但仍有一些政府官员把公共权力视作私有，而没有意识到人民才是权力的真正主人，不仅缺少服务意识，更认为政府官员是高居于人民之上的，思想深处仍然是官主民仆、官尊民贱、官贤民愚，颠倒了主仆关系，只求做官光耀门相，追求重权厚禄，导致种种不良行政行为。

这种“官本位”思想造成了社会公众与政府的疏离，致使政府及其官员在社会公众心目中的形象受损、权威性不足，妨碍了我国民主政治建设的顺利进行，更为重要的是，社会公众的不满势必成为政治稳定一个潜在的威胁，进而影响到社会主义和谐社会的构建。

现代社会的国家公务员与封建社会的“官吏”是有着本质区别的，国家公务员从事的是社会管理职能，是人民的公仆，必须全心全意为人民服务，而不再是过去封建社会的“官吏”。我国宪法亦明确规定，国家一切权力属于人民，各级政府以及公务员手中的权力归根结底是人民赋予的。因此从法律地位上讲，公务员和普通公民拥有平等的权利，有所不同的是所承担的工作的性质和内容，这是各级政府官员和一般公务员必须深刻认识的。温家宝总理在2004年《政府工作报告》中亦反复强调，“政府的一切权力都是人民赋予的，必须对人民负责，为人民谋利益，接受人民监督。只有人民监督政府，政府才不会懈怠。”

依照现代责任政治的理念推行官员问责制，从理念根源上探求并明晰了权力授予与被授予的深刻关联，同时强调为这种授权关系提供制度上的保障，这必将对传统的“官本位”观念造成空前巨大的冲击，督促政府及其官员树立“以民为本”的政治道德和执政理念，提高公共管理和服务的水平，从高高在上、盛气凌人的傲慢的工作作风转向兢兢业业、谦恭谨慎的工作风格，认真行使人民赋予的权力，不辜负人民的重托，真正做到“权为民所用，情为民所系，利为民所谋”，做到“全心全意为人民服务”。

2. 法治理念直指人治意识

我国是一个有着漫长封建专制历史的国家，中国传统的政治文化中有道德政治化和政治道德化的特征，这为治国实践注入了以情感为支撑的人治色彩。加之建国以后社会主义民主法治建设曾一度被忽视，社会民主法治意识一直比较淡漠，并首先表现在政府及其公务人员层面上。因此在我国内地，“权大于法”、“以权代法”、“以权压法”的观念还有一部分市场，还不同程度地存在着地方或部门各自为政、有令不行、有禁不止的不良现象。在“SARS”危机以及众所周知的一些公共事件中，一些政府部门或地方政府的官员只顾一己之名利，瞒报疫情或灾情；有关政府部门之间信息不畅通、行动不协调，以邻为壑，互相掣肘。追根溯源，都是由于法治观念淡薄或缺失，以及部门、地方或个人利益作祟而导致的。① 这影响了整个社会的生产能力和发展进程，损害了政府形象。

近年来我国政府的工作报告中不断强调“强化行政问责制，对行政过错要依法追究”、“自觉接受社会各个方面的监督。推行行政问责制度和政府绩效管理制度”。可以说，问责制度作为我国内地民主法治建设的重要举措，随着它的不断健全和完善，势必能够增强官员的法治意识，改善和重塑中国的行政文化，加快构建起一个依法行政的现代民主政府。

3. 责任要求冲击太平官意识

责任是现代民主政府应具备的基本品质，是现代民主社会与传统专制社会的最大区别。但在我国传统的官僚文化中，更多的是要求对上级负责，部分官员只重视手中的权力，而忽视其应履行的义务和应承担的责任，“位高权重责任轻”，致使无过便是功、得过且过、既“无为”也“无治”的为官思想滋生泛滥，当“太平官”、“混事官”的现象屡见不鲜。在这种情形下，政府责任的实现只能退到最后的底线：过错惩罚，即只有严重违规或违法犯罪者才会受到惩处，对“无作为”但不犯错误的行政官员则缺乏有效的约束力。甚至许多官员搞了不少“政绩工程”、“形象工程”、“豆腐渣工程”，支付了无数“学费”，但这个“学费”却一直由国家和社会公众“埋单”，真正造成失误

① 周亚越：《行政问责制研究》，北京：中国检察出版社，2006 年，第 269 ~270 页。

的那些官员并没有被追究责任。即使对重大事故负有不可推卸的责任，往往也是以种种理由逃避责任，大事化小、小事化无。“功劳大家抢，过失人人推”一度成为普遍现象。

“任何责任都是建立在信念的基础上的，只有有了某种信念，人们才会产生相应的责任意识。”① 责任是现代民主政治文化的核心价值，官员的责任意识更是促使其积极履行责任的巨大内驱力。上述不良的传统意识与现代责任观念背道而驰，不仅严重降低了政府的行政效率，而且阻碍了社会的进步和发展。

按照现代政治责任理念建立起来的官员问责制的出现打破了这种僵局，对传统的“无为”思想构成了极大的冲击，因此有利于矫正我国传统的、带有浓厚封建色彩的为官之道。它强调权力与责任不可分离的观念，即权责对等，有多大的权力就要负多大的责任。不仅对于决策错误、滥用权力、失职渎职等行为要追究责任，而且对于行政无作为也要进行问责。问责制的实施就像在政府官员头顶悬了一柄达摩克利斯之剑，督促政府官员尤其是高级官员不仅不能滥用权力，摒弃“无功便是过”的不作为观念，更要树立起勤政、廉政、负责的行政意识观。

5.2.2 深化干部人事制度改革

随着我国行政体制改革的不断深入，现有领导干部管理制度的种种弊端日益凸显，对其进行全面系统的改革已成当务之急。官员问责制度的兴起之于中国内地政府改革的另一个特殊价值就在于，它触动了政府系统内部最敏感、最复杂的行为主体，即政府官员。与此同时，官员问责制度在价值理念、制度设计和运行机制上的刚性要求，也对中国内地深化领导干部人事制度改革提供了若干可贵的思路启发和现实路径。

1. 激活领导干部“退出”机制

领导干部“能上能下”的机制，实质上是干部队伍新陈代谢、择优汰劣的问题。众所周知，新陈代谢是任何一个生命体生存和发展的必然条件，新陈代谢一旦出现问题，生命体就肯定会出现故障。这一道理也同样适用于国家和政府：只有建立起正常的新陈代谢机制，一方面适时地把德才兼备、政绩突出

① 张康之：《公共行政中的责任与信念》，《中国人民大学学报》2001 年第 3 期。

的干部提拔上来，另一方面把不够称职、难以胜任本职工作的干部调整下去，政府作为一个有机体才能充满生机和活力。当然，影响和制约干部不能“下”和“出”的原因很多，但其中制度性和机制性的因素更具根本性：一方面是由于没有对党政领导职务的任期作出科学的规定，无法实现领导干部“到期必下”，造成在法定工作年龄范围内事实上的领导职务终身制现象；但另一方面，更重要的是缺乏有效的责任约束制度或实现机制，各地方虽然都出台了一些领导干部责任监控的相关规范，但由于制度本身或人为的因素，造成事实上的制度失灵。官员只要不犯大错误，即使不称职、不胜任也不会被调整，一些领导干部“不到年龄不退出领导岗位”的现象依然比较普遍，即使是对一些不称职的干部的调整，也往往取决于上级领导的决心和意见，而不是严格按照规范程序进行。很多干部监督管理制度刚性不足甚至形同虚设。

问责制有利于畅通领导干部的“退出机制”，实现政府官员的“能者上庸者下”，此举对深化我国政府干部人事制度改革大有裨益。在问责制下，通过建立一套科学严格的责任评估与追究机制，对官员过失、无为和不胜任等的标准进行公开、明确的认定，凡是因为疏忽和失职造成一定后果的，均需要承担相应的责任，构建更直接、更有效的官员淘汰机制，同时对有咎不辞的领导干部，还要启动罢免、弹劾等程序，让不能、不肯或未能承担应有责任的官员不再持有相应的权力，这无疑从制度安排上进一步拓宽了官员能“下”的渠道，使政府官员和公众逐渐接受官员“能上能下、能进能出”的政治氛围，进而形成成熟的责任观念和民主意识。

2. 完善领导干部监督机制

如何建立起一整套科学有效的监督机制，形成多层次、全方位、强有力的监督体系，使各级领导干部都置于有效的监督之下，是当前深化干部人事制度改革亟待解决的又一个重要问题。

事实上，我国领导干部监督机制的相关法律法规，在监督内容、监督主体和监督形式等方面已经具备了一定的规模，如政府系统内部的行政监察、党内监督、人大监督、司法监督和群众监督等等。之所以制度效果差强人意，“上级疏于监督、下级不敢监督、群众无法监督”的现象仍然存在，其中一个重要的原因就是监督主体的制约力量由于种种客观和人为因素被分散化，处于一种各自为政、各行其是的状态，无法形成一个完整的监督体系，发挥整体效应和监督合力。其结果不仅耗费了庞大的监督成本，而且收效甚微。

成熟的官员问责制度，应该是一套能够持续运转、自我调节、功能完备的干部监督约束机制，它的产生和构建，在价值理念、制度设计和运行机制上强调了多元问责主体的明确分工、方式分化及力量整合，从而在理论上具备了形成一种更有效的监督合力、在制度上完善我国领导干部监督机制的可能性。首先，在制度理念上，官员问责制度强调问责主体的多元化，即同体问责和异体问责的共同作用，使行政机关、立法机关、司法机关、政党、公众及媒体等都能被列入官员问责制度的法定问责主体，这有助于实现我国领导干部监督机制在事实上的主体完整性；其次，在制度设计上，官员问责制度强调在科学的责任划分基础之上，不同的问责主体以不同的问责方式、追究不同层面的官员责任，这种监督内容和方式上的明确划分，使得对领导干部的监督机制步入了系统构建的实质性阶段；最后，在运行机制上，官员问责制度强调法律法规与问责程序的严格遵守，不能主客臆断、不能人为改变，这为我国领导干部监督机制走向程序化、规范化提供了机制保障。

3. 推动政府职位分类改革

职位的划分与权力划分同等重要，因此职位分类制度在各国公务员制度中具有举足轻重的地位。现代人事管理的基本要求之一，就是管理的针对性和系统性。只有根据不同工作人员从事的不同岗位的业务性质和特点，分门别类地进行有针对性的管理，才能提高公务员管理的有效性。

如前所述，根据2006年开始执行的《中华人民共和国公务员法》，我国的公务员分为领导职务和非领导职务两大类①。其中领导职务是指乡科级以上的正职及副职，非领导职务层次在厅局级以下设置。在我国内地官员问责制度构建过程中，现行分类制度面临一些新的问题，例如，官员问责制度要求对一定级别的政府官员所承担的责任进行严格的划分，但一方面，很多政府高层官员除了要承担政治责任之外，还会涉及很多执行上级领导指令和政策的行政行为；另一方面，很多非领导职务的公务员虽然在法定意义上不是领导，但在实际中却往往要涉及很多决策行为和领导工作，甚至会出现上一级的非领导职务人员对下一级的领导职务人员实行“领导”和管理的尴尬现象。

问责制的通用形式主要是一个舶来品，即它的运行理念和制度设计最初是基于西方国家政府公职人员的职位分类制度和责任划分方式。因此，尽管欧美

① 关于这一问题，本书在4.1.2已经进行了详细介绍。

等国的政府问责制度已经比较成熟，但在我国内地官员问责制度的初期构建过程中，其借鉴意义还是非常有限，也无法给我国公务员职位分类管理改革提供直接的操作性建议。但不可否认的是，官员问责制度的推行可以在理念和现实层面施加一定程度的改革压力，即我国的公务员职位分类管理制度必须尽快进行科学化改革：或进行本土化的制度设计与创新，或借鉴国际有关做法进行制度改良，否则，官员问责制度以及其他一系列政府责任和管理机制都将遭遇不同程度的发展羁绊。

5.3 香港特别行政区主要官员问责制度：利益平衡与政治诉求

主要官员问责制度是香港特别行政区在面临政治、经济和社会等多重公共危机的复杂背景下做出的改革选择。在时任特首董建华的施政报告以及香港立法会文件中，均将问责制改革描述为一场“深远、进取的改革，并会影响社会上每一个人”。问责制对于香港特别行政区的多重价值可见一斑。

5.3.1 维护公务员的中立原则

香港特别行政区政府公务员奉行中立原则，其核心价值包括：坚守法治；守正忘私；对在履行公职时所作出的决定和行动负责；政治中立；在执行公务时不偏不倚；全心全意、竭尽所能、以专业精神服务市民。① 受政治传统与历史的影响，公务员队伍的政治中立性一直被香港政府奉为基本信念和运行原则。

如前所述，在现代民主政治中，公共政策的制定和执行是相对分离的，基于此，在西方国家政府中负责或参与重大政治决策的主要官员，一般属于政治委任性质的政务官。其他只负责一般行政管理事务的人员，属于“文官”范畴，按照专门的公务员法规和程序加以任用和管理。② 但在香港回归之初的政府管理结构中，一个重要特点是特区政府的主要官员具有“文（官）政（务官）相兼”的特点③，即那些负责或参与重大政治决策的主要官员，既是行政

① 香港特别行政区立法会研究拟议主要官员问责制及相关事宜小组委员会：《订明公务员与问责制主要官员工作关系的通告》，立法会 CB（2）2101/01－02（01）号文件. 2002 年 5 月 18 日。

② 汪永成：《香港“高官问责制”审视》，《暨南学报》（人文科学与社会科学版）2004 年第 5 期。

③ 杨奇：《香港概论》（下），北京：中国社会科学出版社，1992 年，第 93 页。

管理者，属公务员范畴，奉行职位常任、政治中立、专业性等原则，又是政治决策人，负责政策的制定、执行及推销，包办“行政”与“政治”工作，身兼“文官”和“政客”双重角色①。这是香港公务员制度区别于世界其他地区公务员制度的一个重要特点。

香港公务员制度的这一特点是“英国对香港实行有效殖民统治的政治产物”②，并且适合回归前香港非选举政治和非政党政治条件下政府运作的实际需要，可以使政府的政治决策和行政管理一样，避免因主要官员调离政府而影响其管理的连续性，同时使政府官僚不受社会利益集团的支配，按既定的计划和程序制定政策，有助于维持一个持续性的政策环境。最重要的是，它符合当时的政治需要，有利于殖民统治。然而，香港回归之后开始实行港人治港，对香港特区政府的主要官员提出了更高的要求，既有的主要官员管理制度与权责关系在执政有效性方面的消极影响及矛盾日益显现。

一方面，主要官员的公务员身份与其日益增强的政治责任不适应。政府高级官员“文政相兼”的特点无法适应新的环境对政府决策的政治性要求。在香港特别行政区政制架构中，立法与行政已经分立，立法对行政的制约日渐突出，再加上媒体和市民对政府的监察变得十分明朗，因此，主要官员必须向立法会、大众传媒和市民解释政策、推销政策，承担着大量的政治责任。

另一方面，在市民对政府的问责性要求日渐突出的情况下，作为负责或参与特区政府的决策者，理应响应社会的诉求，为其本身的施政行为及成败负起责任，甚至在需要的时候辞职下台。但由于其又遵循公务员制度下的终身制和常任制，即只要在工作上没有严重失误，除自愿离职外，均可以工作至退休。高级官员无须也不能为政策的过失负责；即使犯了决策错误，也只能靠调职来“处分”，这明显与社会诉求并不符合。

在上述情境下，确保和维护公务员的中立原则在主要官员问责制度论证和推行过程中被反复提及，即不仅要在确保现行公务员架构稳定延续的大前提下，推行问责制，而且还要通过实行问责制，确保公务员体制的中立价值得到

① 内地学者王叔文认为，所谓文官角色，是指主要负责协调与制定政策和计划，监督政策与计划的执行；政客角色，是指不仅要在立法会会议上接受议员的质询，为政府的政策及其实施进行解释和辩护，而且还要在实际工作中调和社会上各种利益集团的要求与矛盾，改善政府与民众的关系。参见王叔文：《香港公务员制度研究》，北京：中共中央党校出版社，1998 年，第 236 页。

② 刘曼容：《港英政府政治制度论》，北京：社会科学文献出版社，2001 年，第 231 页。

更好地保留和发挥。事实上这一制度的出台在理论上也具备了解决上述矛盾的可能性：一方面，带有政治倾向色彩的决策局局长脱离了公务员队伍，这使政治责任的承担转移到实行任期制的政治任命官员身上，保证了公务员工作性质的事务性；另一方面，公务员事务局局长进入行政会议，他会从公务员的角度参与所有政策的厘定，并在制定政策的过程中反映公务员的观点，使得这些政策执行时能够得到公务员的更多支持，因此成为香港特别行政区政府政治系统与公务员系统之间的过渡和桥梁。

5.3.2 平衡政治系统的利益分歧

主要官员问责制又是香港回归后政治系统内部理念冲突与利益制衡的结果。香港回归之后，由于香港特区政府与立法机关的合作问题纷争不断，行政与立法关系一直争论不休，备受关注，这激化了是否加速民主化步伐的讨论。

行政与立法的关系对政治运作的影响颇为深远。根据《基本法》第六十四条："香港特别行政区政府必须遵守法律，对香港特别行政区立法会负责。"但香港回归后的现实情况却是行政与立法关系疏离，缺乏互信。有议员曾在立法会会议上指出："现行的政制模式是一个畸型的体制，政府有权而无政治责任，纵使犯了错也不用负上政治责任，而在立法会内亦没有正式的一票，即'议会有票无权，政府有权无票'。"① 立法会议员事事处于被动之下，只有在表决时对不满意的提案投反对票；而行政机关为了成功推行其政策，亦只有用尽方法向议员游说。长此以往，不仅政府的施政不畅顺，更导致政府官员、议员和市民三方面都不满意。

缓解行政机关与立法会之间的矛盾，曾引发了广泛的讨论。其中部长制引起了最为激烈的讨论，被认为是一剂可以解决上述问题的良药。倡导部长制的观点指出，行之有效的解决办法是按实际需要，在立法会或工商界、专业界别、甚至公务员和学者之中，以合约形式聘用优秀人才，出任政府部长。但事实上，香港特区政府当时并不具备实施完整意义上的部长制的政制基础和改革空间。按照既有的各国经验和理论要求，部长制必须建立于民主体制之上，包括普选行政长官和立法会，以及成熟的政党政治。在香港特区政府当时的情境下贸然推行所谓部长制，难免有急功近利，追求短期利益之嫌。此外部长制也

① 2000 年 1 月 12 日香港特别行政区立法会会议过程正式记录。

超出了《基本法》为香港制定的发展步骤和框架①：出于多种政治考虑，《基本法》为香港制定了循序渐进的改革方略与民主化步伐②，调查数据显示，香港很多民众虽然希望看到政制改革的进程，但亦不愿意打破既有的政制改革安排③。可见，香港特区政府、香港市民和中央政府是有着共同的、明确的政制发展目标的，只是关于达致该目标的时间表，社会上始终有不同的意见和声音。

事实上，正如时任特首董建华所言，香港所面临的，主要是在实施一个新的政治制度时所带来的一些问题：一方面是行政系统要有一个适应的过程，在新的、跟过去不同的政制环境下，采取不同的方式及方法来推行政策；另一方面，议会在政党政治的成分不断加大的情况下，其运作和定位等亦同样要有一个成熟的过程。行政和立法两方面无论在沟通的机制或模式上，现在仍然是在探索，因此出现一些困难和问题都是难以避免的。④

为了既迎合香港各界的民主改革诉求⑤，又避免香港面临过于激烈的社会震荡和转变，在巨大的政制改革压力和有限的改革空间与基础的情境下，香港特区政府选择了从政府主要官员的委任制度切入，推行主要官员问责制度。事实上，这也符合当时香港一些比较温和的有关政改的意见，例如在政制事务委员会所做的《2000年香港特区政制发展报告》中就提到，建议政府研究实行合约制，令主要官员须为他们所作的决定承担政治责任，同时探讨主要官员在制订或推行政策上严重犯错便须自动辞职，“这与自由党一向倡议的所谓‘部长制’的精神是一致的。对‘部长制’的理解，人言人殊，我们不如放弃拘泥于‘部长’的定义，而从实际出发，鼓励采用合约制政治任命局长，这样既能网罗政府部门外的优秀人才（当然也包括政府内愿意接受政治任命的优

---

① 《基本法》为香港政制改革制定的发展框架将在本书6.4.2做详细论述。

② 《基本法》附件一第七条和附件二第三条分别规定了2007年之前香港行政长官和立法会的产生办法将不予更改，同时第六十八条也有清楚阐述，“有关办法应根据香港特别行政区的实际情况和循序渐进的原则而规定，最终达致全部议员由普选产生的目标。”

③ 其中约有55.7%的响应人士不愿看到《基本法》对2004至2007年已作出的选举安排被推翻，但却有过半数的人愿意在2007年后接受这种改变。参见2000年1月12日香港特别行政区立法会会议过程正式记录。

④ 2003年1月12日香港特别行政区立法会会议过程正式记录。

⑤ 仅立法会就曾多次通过议案，促请行政机关尽快就政制改革进行咨询。

秀人才)，更能提高局长的问责性。"① 在这个意义上，主要官员问责制度是一种弹性合约制度，它既符合了政制发展的民主精神，又审慎考虑了民主改革对社会稳定的影响，暂时回避了不切实际的政治动荡。

5.3.3 实现领导人的政治抱负

现代政府往往不是"被动地经历改革"，而是"要创造变革"，要超越"适应性"的发展模式，实现从"外源式"到"内源式"发展模式的转换。② 换言之，行政改革必然有来自经济发展和社会变迁等外部的助力，但同样也存在着来自政府自身的动力，这就是政府对"自己的政治存在的关心和政治运作规律本身的要求"。③

政府对自身政治存在价值的关心和追求是与政治系统内部决策者的政治抱负直接相关的。政府的高层领导集团通常会出于政治抱负而进行改革，确立政府发展的目标，希望通过政府发展更好地实现政府的管理职能。"由于他们（政治家）对官僚组织的特定部门、某种思想或者社会整体的忠诚，他们有做好工作的部分动机。在设立新的官僚组织或者在现有的官僚组织内部设立新的部门时，这种动机尤其重要。"④ 这种动机和社会、政治、经济发展所产生的各种条件相结合，就使政府改革获得了持续性，同时新制度的产生往往也是作政府高层领导政治蓝图的形式出现。

来自政治高层的发展动力在社会发展出现危机的情况下，以及"后发外生型"社会的现代化过程中表现得尤为突出。对于处在政治变迁和社会转型期的香港，高层领导集团的政治抱负对主要官员问责制度的构建就起到了决定性的推动作用。殖民地时期的香港政治体制是以布政司（回归后改为政务司）统领整个文官系统，港督只是名义上的统治者，"假如没有大的政策改变，一任又一任的港督当'甩手掌柜'，仍可保持政府运作。"⑤ 由于考虑到平稳过渡以及维持香港社会稳定的需要，《基本法》规定在回归后基本保留这种政府

---

① 有关这一问题的意见和言论，可参见2000年6月14日香港特别行政区立法会会议过程正式记录；香港特别行政区立法会政制事务委员会：《香港特别行政区政制发展报告》，2000年6月。

② 戴维·奥斯本、特德·盖布勒：《改革政府：企业家精神如何改革着公共部门》，周敦仁译．上海：上海译文出版社，2006年，第313页。

③ 李景鹏：《试论政治发展的动力与目标》，《天津社会科学》1998年第4期。

④ Anthony Downs, *Inside Bureaucracy*, Illinois: Waveland Press, 1994, p. 211.

⑤ 哈德生：《问责制是香港行政体制重大改革》，《镜报月刊》（港）2002年第5期。

运作模式。但在这种模式下，行政长官与公务员系统之间的不协调问题日益突出，严重削弱了特区政府的管治能力①。进一步而言，由于行政长官无法掌握政府主要官员的人事控制权，导致其责任大于权力的不对称性：按照《基本法》的规定，行政长官对中央人民政府和香港特别行政区负责。但包括高级官员在内的所有政府公务员，都实行长俸聘任制，按照职位常任、政治中立等原则运行。行政长官尽管承担着巨大的政治责任，但却没有与自己施政理念一致的“团队”（包括政府高级官员在内的公务员都可以而且“应该”对他的施政理念保持“中立”），亦无权追究政府高级官员的政策失误责任，其政治抱负与施政理念根本无法付诸实际。

当一位政治家发现他正在做的和他认为应该做的之间存在某些绩效差距时，他就会有动机去寻求令他满意的替代行为。尽管他不能保证这些替代行为会使官僚组织履行社会职能的服务对象感到满意。② 可以说，“问责制的构想，首先源于特首要求对政府高层官员的人事控制权可以有效掌握，以免在第二任内，仍然被高官集团架空。”③ 问责制实施后，行政长官及 14 位问责制主要官员成为核心的行政会议，它的操作类似一个“内阁”形式，所有决策局长可以直接参与政府最高层的决策，掌握其他主要官员的政见和建议，并尽量彼此配合。通过这种运作方式，行政长官可以组成的自己的政府决策团队，其目标必定更明确，方向更一致，同时在推动政策时，也能更好地厘定政策和立法的先后次序，以及资源的分配、统筹和协调。可见，尽管主要官员问责制没有、也不可能赋予行政长官以超越《基本法》所规定的更多的权力，但由于政治系统内部权力关系和利益格局的理顺，新制度显然使得行政长官得以更加充分和积极地行使他手中的权力，并实现他的政治抱负。

---

① 由于香港奉行行政主导，所以这种不协调主要是削弱了特首的权力。在作者与香港相关领域学者交谈过程中，普遍的观点认为问责制的实质和核心是加强特首权力的举措。

② Anthony Downs, *Inside Bureaucracy*, Illinois: Waveland Press, 1994. 204.

③ 宋立功：《高官问责制将改写香港的政治版图》，《信报：财经月刊》（港）2002 年第 5 期。

第 6 章

问责制度发展要素的比较：积极推进与消极制约

在官员问责制度构建的政治生态中，存在着若干能够对问责制度的发生、发展与完善起到制约或推进作用的力量要素，发现、控制并最大限度的利用这些关键要素，才能够进一步推动问责建制的发展进程，并为构建起良性的改革生态奠定有效的能量基础。对于中国内地和香港的官员问责制度而言，影响较大的关键性发展要素主要包括既有的制度基础①、政党政治和政治参与的发展现状、社会对改革的承受能力，以及改革预期的限定作用等。

6.1 政党政治发展的支持性作用

民主化步伐与政治体制改革，跟政党的成熟和发展是分不开的。政党政治是制约或推动政策制定与实施的重要因素，其发展状态决定着政制改革受到政治压力或获得政治支持的程度。

6.1.1 政党政治之于问责制的价值

政治团体或利益集团一直是一种有效的利益表达和中介机制，是连接政府与公民社会的桥梁。正如亨廷顿（Samuel P. Huntington）指出，在发展中国家和地区，“由于国家政治制度化程度很低，对政府提出的要求很难或不可能通过合法渠道予以表达，也很难在政治体系内得以减缓与聚合。因此，政治参与的急剧增长会引起政治不安定。”② 但另一方面，多样化的政治团体可以使国

① 关于制度基础这一发展要素对两地问责制度的影响，因在3.1、5.2、5.3，以及7.2等章节进行了分别论述，此处不再集中探讨。

② 塞缪尔·亨廷顿：《变革社会中的政治秩序》，王冠华、刘为译．上海：上海人民出版社，2008年，第55~56页。

家与市民社会之间双向流动的良性关系得以维持，最终避免了国家与市民社会的对抗、内耗和两败俱伤。英国政治学家巴克（Ernest Barker）在描述政党集约功能时形象地指出："政党具有双重性格和性质，是把一端架在社会，另一端架在国家上的桥梁。换句话说，政党是把社会中思考和讨论的水流导入政治机构的水车并使之转动的导管和水闸。"① 自19世纪以来，政党在国家与市民社会之间发挥了不可替代的中介作用。尽管随着利益集团的日渐崛起，出现了反复的"政党政治衰退论"和"脱政党化"现象，但利益集团主要是作为政党政治必要的、有益的补充存在，因此从政治发展阶段上来看，政党政治理应成为政治发展的基础性推进要素。没有规范的政党政治，就没有规范的现代民主政治。

如前所述，问责制度的构建是政治改革的重要内容，其在本质上是政治民主化进程中的一个重要环节。因此其发展与健全势必离不开政党政治的支持。具体而言，政党政治的发展对于问责制度的积极价值主要体现在以下几个方面：

首先，问责制度的核心取向是促使政府更好地掌握和回应民意。但无论在任何社会中，个人要向政府施加直接影响，几乎都是不可能的，因此分散的个人必须基于他们多元利益的共同方面联合起来，组成一定形式的利益团体（多数为政党、利益集团或社会中介组织），才能聚合成强大的推动力量，将他们的利益要求转化为政治要求，向决策系统施加压力、输入需求，并使利益得以满足。换言之，政党本着"一切公共权力来自市民"的政治信条，接受着来自市民社会的各种利益要求，并将它们归纳处理、拟成方案，输入决策进程，从而完成了聚合并向政府表达公共利益的使命，这成为政府承担起政治责任的根本性基础。

其次，政党政治的发展可以为问责制度提供持久的内在动力。现代国家几乎都成为了政党国家，而政党政治本身就是一种责任政治。对于多数政党而言，其最终的奋斗目标和生存目的都是能够获得执政权。政党不断调整和改进自身的制度结构、运行方式和纲领理念，都是为了使自己获得更多的拥护和支持，进而争取执政的机会。这种竞争关系的普遍存在在政府内部产生了一种持续不断的动力：任何执政党都必须不断地自我改革与调整，更好地承担其对于

① Ernest Barker, *Reflections of Government*, Oxford: Oxford University Press, 1942. 39.

选民的责任，回应选民的政治需求，才能巩固和延续其执政地位。

最后，政党还有一个重要功能是推进政治的社会化，而这对于问责制度和责任政府的构建发挥着关键性的推动作用。进一步而言，问责制度的不断推进必须以公民的政治成熟度作为发展基础，只有广大公众保持关注政府、关注政治过程、关注公共利益的高度热情，才能对政府及其官员形成强大、持久的外部作用力，督促其承担并兑现公共责任。从这个角度来说，政党政治有助于将公民引入政治领域，授之以政治思想、见解和党派观念等政治信息，使之认识和了解政治，并最终成为成熟的政治公民。可以说，“政党已成为公民的政治信息源、党派精神的培育者和行政指南的提供者”。①

6.1.2 香港：政党滞后发展的问责困境

香港政党的产生及其发展，是80年代之后港英政府一手推动的结果。特别是彭定康任香港总督之后，《政制发展白皮书》及随后推动的一系列政治改革，大力推行权力下放、议员非官守化以及实施选举，导致了香港民间政治力量的迅速成长。② 随着区议会直接选举的进行，政治权力的大门逐渐向社会开启，社会团体获得了进入政治体系的条件和机会。于是一些压力集团改变了从外部向政府施加压力的方式，努力通过选举的途径进入政治系统内部。它们在参加区议会和市政局选举的过程中，积累了大量政治人才和参与经验，逐步发展壮大起来，转变为政党组织，从而改变了香港无政党的历史。③ 香港现有的政党组织多数都是为了应对港府当时所推行的选举而在1991年至1996年间成立的。

不可否认的是，由英国在撤退香港前单方面匆忙推动的这一改革举措，在客观上调动了港人认识自身利益的动机，并使一些受过良好教育的社会精英分子开始将香港的未来与港人自身的行动联系起来，并整合不同人群的利益，组建一些具有地方政党性质的政治团体。④ 从目前的情况看来，香港政党的规模虽然都不大，却普遍形成了自己独立的政治态度、取向和行为方式，分别代表

---

① 冈泽宪芙：《政党》，耿小曼译．北京：经济日报出版社，1991年，第6页。

② 港区人大代表邬维庸称这是港英政府撤离香港之前的“布雷行动”，其主要目的是为“九七”之后香港特别行政区的政治发展制造困难。参见：孔世平，邬维庸：《港英当局“光荣撤退”遗患甚多》，《紫荆》（港）2002年第6期。

③ 周平：《香港政治发展（1980～2004）》，北京：中国社会科学出版社，2006年，前言第6页。

④ 张定淮：《1997～2005：香港管治问题研究》，香港：香港大公报出版社，2005年，第29页。

着不同社会集团的利益，并且能够得到一定数量的市民的支持。但与此同时，绝大多数政党的组织都很松懈，缺乏纪律性。①

没有成熟的政党政治，就不会有真正的政治发展，更谈不上完善的政治任命制度。香港政党政治的滞后发展直接影响了问责制的构建和有效运行。首先，问责制度要求主要官员为其任内的政策承担全部责任，但政党政治在香港的滞后发展导致这种政策责任成为空中楼阁。在现代民主国家，政党政治已经成为整合和传达民意的最重要途径，一个国家或地区政党的发达程度直接决定了其对于公众利益的掌握与回应程度，在缺少成熟政党组织的情况下要求主要官员真正的回应民意、承担政治责任是不现实的。

其次，主要官员缺乏政党背景直接制约了其政治能力与决策力度。众所周知，政党政治的一项重要功能就是培养政治人才，这体现在三个方面：对组织成员政治素养与政治能力的培养、对组织成员政治理念的灌输，以及为优秀的组织成员（政党领袖和精英）提供稳定的政治支持。香港政府的主要官员由于缺乏政党背景，因此相应的遭遇了上述三个方面的困境，即政治素养与政治能力不足以应对复杂的政治决策；缺乏稳定延续的政治理念与政策纲领，公众无法对主要官员的政策理念进行准确的预测和判断；主要官员在政策执行过程中缺乏稳定的政治支持和社会支持，难以真正履行政治责任。②

最后，政党政治的不成熟导致问责制官员之间缺乏共同的政治理念。问责制是对行政长官负责，而不是对香港的立法会或全体选民负责。但是，行政长官和问责制主要官员均不属于任何党派，没有政党基础。这就导致这个管治团队缺乏共同政治理念作为维系和团结的基础，在运作中很容易出现分歧和矛盾。③

---

① 而且需要说明的是，以政党的方式活跃于香港政治舞台的各个政党性质的组织，却不是以政党的名义注册登记的。因为香港没有专门规范政党组织的法律，政党性质的组织只能以社团或公司的名义注册。有些政党性质的组织，也不称自己为政党，而是称为政团。参见周平：《香港政治发展（1980～2004）》，北京：中国社会科学出版社，2006 年，第 198 页。

② 有观点甚至认为，所有政治任命官员只由行政长官一人提名、中央政府委任，不经任何政治咨询程序，而法律规定特首一职由非政党背景人士担任，这意味着每五年便须重新组成一个没有往绩、没有政党背景的新政府。因此公众、公务员、外国投资者等都无法对新政府的人事和政策路向作出明确预期，不但造成管治结构性不稳，也可能窒碍公共行政发展。（港）新力量网络管治改革小组（www.synergynet.org.hk）：《香港特区管治改革报告系列：向谁问责？如何问责？》，2002 年 6 月。

③ 周平：《香港特区政府的问责制改革》，《云南社会科学》2005 年第 1 期。

6.2 公民参与意识的推动作用

问责制度的构建不仅是政府及其官员的职责，也是民主政治下每个公民的期望，积极的政治参与和成熟的公民意识，是推动政府及其官员积极承担责任的社会动力；同时，问责制度的有效施行和持续改进，又势必有赖于公民积极的政治关注与监督意识。可见，积极的公民政治参与可以成为问责制度构建的推动性发展要素，而消极冷漠的公众参与意识则有可能反过来制约问责制度的发展。

6.2.1 政治参与之于问责制的双重价值

亨廷顿（Samuel P. Huntington）认为，政治参与会随着现代化的推进而急剧增长，因此必然要求政治体系能够组织和疏导这种日益扩大的参与需求，如果政治体系的制度化程度随政治参与的迅速增长而能同步提高，使参与者对政府的要求能通过合法的渠道得以畅达，政治参与的增长就不会引起政治不安定。反之，如果政治体系的制度化水平很低，参与者被疏远于政治体系之外，对政府提出的要求很难或不可能通过合法的渠道予以表达，或者所提要求在该政治体系内不能得到满足，政治参与的快速增长则很可能导致政治上的动荡不安。这种关系也可用公式表述为："政治参与/政治制度化=政治不稳定"。即"政治不稳定"的变值与"政治参与"的变值成正比，与"政治制度化"成反比。所以，亨廷顿强调，"一个社会要保持高度的一致性，就必须在扩大政治参与的同时，使更强有力、更复杂、更具独立性的政治制度也得到发展。"①

作为政治发展进程中的一项重要改革，问责制度的构建也必须适应政治参与的发展态势与需求。具体而言，政治参与和问责制度之间的内在联系主要体现在：

首先，问责制度的构建源于对政治参与发展需求的回应。正如亨廷顿的分析结论，政治参与的增长与扩大，势必要求政治制度层面的相应发展，否则就会导致政治的动荡与社会的不安。问责制的构建突出了对公民需求和公共利益

① 塞缪尔·亨廷顿：《变革社会中的政治秩序》，王冠华、刘为译．上海：上海人民出版社，2008年，第80页。

的回应，体现了对公民价值的认可与尊重，是对不断发展的政治参与需求的一种改革回应。

其次，公民（政治参与主体）是政府及其官员的主要负责对象。公民是公共权力的来源，政府所行使的一切权力源于公民的授予，因此政府必须对公民负责，“公共行政人员要洞察、理解和权衡公民的喜好、要求和其他利益”①，并尽最大的可能性满足公民的理性要求。公民既然是政府的主要负责对象，必然有权参与政府责任的质问和追究。此外，现代民主政治表现为一种选举政治，选民的偏好会对选举结果产生决定性作用，因此政府必须以其高度负责的施政理念与执政方式争取选民的信任和支持。公民的需求日益成为政府及其官员施政的准绳，政府必须接受公民问责和监督。

第三，政治参与是官员问责制度的重要组成部分。如前所述，问责制度从主体角度划分包括同体问责和异体问责。其中异体问责无疑是一种更有力、更能体现民主理念与政治发展的问责方式。公民作为异体问责中的重要角色，通过政治参与向政治系统输入需求信息，同时监督公共权力的行使情况，正是其实现问责权力的核心途径。因此从制度组成角度来看，公民政治参与是官员问责制的重要组成部分。

进一步而言，达尔（Robert A. Dahl）在分析“人为什么不愿介入政治”时指出，当人们在经济活动上取得的利益大于政治活动所带来的利益，或人们对自己改变政治现状不抱希望或持无所谓态度，或人们在参与政治活动过程中遇到诸多障碍时，人们就不大愿意介入政治，从而产生政治冷漠的心态。② 这一分析有助于我们理解和分析中国内地与香港公民政治参与意识不同的发展轨迹，及其在问责制度构建中价值体现的不同趋向。

6.2.2 内地：急待培育的公民政治热情

中国内地公民的政治参与意识正处于初期发展阶段，一方面，这种萌芽状态的公民政治热情推动了内地将官员问责作为一种政治现象的延续和扩展；另一方面，在问责风暴之后进一步的制度化建设中，没有足够成熟和发达的公民

① Terry L. Cooper, *The Responsible Administrators: An Approach to Ethics for the Administrative Role*, Jossey-Bass Inc. Publishers, 2001. 74 ~ 75.

② Rorbert A. Dahl, *Modern Political Analysis*, New Jersey: Prentice-Hall, Inc. Englewood Cliffs, 1984. 106 ~ 112.

社会又成为其持续进展的制约因素。

经过多年的经济发展与政制改革，中国内地的公民社会已经初具雏形。公民的主体意识和政治参与理念日益增强，各类民间组织和社团日趋活跃并逐步走向自我管理，中等收入阶层在社会分层结构中所占的地位越来越重要，其力量不断成长壮大。政治国家、私人部门和公民社会开始呈现各自相对独立的治理趋势。① 在问责制发展过程中，公众对于引咎辞职和官员问责的态度经历了逐步的积极变化：从最初对罢免官员的“一片哗然”，到对官员引咎辞职的拍手称快；从陌生与漠然，到主动施加舆论压力，再到对官员问责作为一种现象或制度的激烈争论与深刻置疑。社会公众的积极参与正在成为问责制度构建过程中一个不容忽视的推动性力量。政府及其行政官员在进行决策时，都越来越需要考虑民众的意愿和舆论的压力，这种日益积极的社会生态，对我国问责制度初期的构建发挥了强大的推动作用。

但是，受传统价值观念和现实条件的约束，我国公民的参与意识和政治热情仍然无法完全适应政治发展的要求。据中国人民大学 2004 年的抽样调查结果，发现被访者中表示关心政治的人较 10 多年前大幅下降了 21.4%，政治关心度仅为 65.1%。② 这种公民政治参与的冷漠现象绝不是偶然的，它和转型期中国特有的公民政治素质、社会心态、政治参与机制和相关制度保障等因素密切相关。

1. 滞后的公民政治素质

在我国，受封建专制统治历史和“官本位”思想的影响，使得人们的“自主意识和参政意识特别薄弱，而国家意识和服从意识却特别强烈”③，中国内地的公众缺乏民主意识和参与热情，相当数量的公民对权力的敬畏意识还很强，面对不公正现象，往往表现出强大的政治容忍性，相当一部分公民不敢监督官员，也缺乏监督的制度保障。这种普遍的服从心理和政治冷漠心理成为政治参与发展的障碍，在这样一个权力本位严重、官场潜规则盛行的文化环境下，是不可能建立起实质意义上的责任氛围的。此外，内地公民的政治素质普遍不高，这也是影响其参与政治活动的主要障碍。换言之，公民的政治素质程

① 何增科：《渐进政治改革与民主的转型（下）》，《北京行政学院学报》2004 年第 4 期。

② 李远夫：《民众政治热情：2038 年悬念》，《小康》2004 年第 10 期。

③ 俞可平：《增量民主与善治》，北京：社会科学文献出版社，2003 年，第 17 页。

度高，就能比较了解政治过程，对政治现象和政治发展的认知也就相对深刻，因而政治参与的愿望就比较迫切。然而在内地，很多公民因受其政治素养的局限，缺乏在政治参与中作出理性判断的能力，参与问责的能力也相对较低，因此往往倾向于将自我隔离于政治生活之外。

2. 消极的公民社会心态

社会心态是指某一时期社会群体普遍存在的共同心理状态。积极的社会心态，对公民参与政治起着促进作用；消极的社会心态，则对公民参与政治起着阻滞甚至是破坏作用。通过国家计委宏观经济研究院课题组 2002 年 9 月在北京、上海、黑龙江、新疆、四川及广东进行的抽样调查显示，公民对社会现状的综合满意度只有 2.9（很不满意为 1，不满意为 2，中性为 3，满意为 4，很满意为 5)，即低于中性，总体状况满意度不容乐观。① 中国公民对“腐败官僚主义”、“失业下岗人数增加”、“贫富悬殊”、“社会风气败坏”、“农民负担过重”和“治安恶化”等社会问题表示严重担忧，这种心态加重了他们内心的无力、无奈感，继而对政治生活产生心理距离。② 如果公民缺乏政治参与的热情和意识，不积极关注政治发展与改革进程，那么部分政府及其官员会以同样漠然的态度对待公民，这必定助长消极行政文化的继续蔓延。

3. 缺乏有效的参与机制

公民参与政治过程，必须依赖一些必要的途径。有效的参与途径通常包括公开听证、民意调查、咨询委员会、舆论监督等。我国长期以来相对封闭的行政体制，使得公众缺乏参与的渠道与途径，这一直是我国政治发展的薄弱环节：在我国当前的公共管理体制中，政府是公共管理的主导者和实施者，公众在很大程度上还是处于一种被动的接受状态。中国虽然建立了包括人民代表大会制度、政治协商制度、基层群众自治制度、信访制度等在内的比较完备的政治参与机制，但由于一定程度上存在着配套性差、自主性弱和操作性差等弱点，使得一些具体制度只是停留在空泛的原则上，而难以被有效贯彻实施。公民的政治参与活动，无疑是在寻求一种利益表达。如果缺乏有效的参与机制，

① 吴志华：《政治学导论》，上海：上海教育出版社，2003 年，第 283 页。

② 谢涛：《当前中国的政治冷漠现象分析》，《党政干部学刊》2005 年第 3 期。

公民的利益诉求总是得不到满足，势必弱化其参与政治活动的积极性。① 政治参与机制的缺陷，已经极大限制了中国公民政治参与的良性发展。

4. 缺乏保障的公民知情权

了解、清楚、熟悉政治事务是公民参与问责的前提条件，只有保障了公民的知情权，公民才能有效参与政治过程。由于目前我国政治生活中尚未建立完备的公民参与途径，对公民的知情权和话语权尊重不够，在很大程度上影响了公民参政议政的热情，也限制了公民对政府权力的监督。②

上述问题的存在，严重地制约了公民对政府及其行政官员行使公共权力的监督，也必然对问责制度的构建产生深远的消极影响和制约作用，并进一步导致二者之间的恶性循环。因此当务之急，一方面是通过多种途径，努力培育和塑造积极成熟的公民意识和政治参与热情，充分调动公民监督政府行为的积极性；另一方面稳步推进政治改革，逐步健全公民政治参与机制，切实保障公民参与问责监督的基本权利。此外，大力发展第三部门的力量，在政府与公民之间搭建起稳定的沟通桥梁，培育公民政治参与的民间组织保障。这样才能尽快实现公民政治参与对问责制度积极价值的复位，为改革的推进提供一种持续的自下而上的支持力量。

6.2.3 香港：公民意识的迅速成熟

在20世纪80年代以前，香港市民政治态度冷漠、缺乏参与意识的状态曾被描述为“政治冷感”③。那时的香港更倾向于一个经济城市，而缺乏最基本的参与式政治文化。然而这种情况在20世纪80年代以后随着一系列重大政治事件的发生迅速实现了根本性改变。

1984年7月，港英政府发表了《代议政制绿皮书——代议制在香港的进一步发展》，全面阐述了对香港政制进行代议制改造的设想，引起香港市民的广泛关注和讨论；三个月后，港英政府发表了《代议政制白皮书》，开始推行

---

① 不久前，我国一些地方政府开始推行以民意测评为依据和手段的官员问责制，即所谓的“民意罢免”。应该说，这在制度与理念上是一种进步和飞跃，但鉴于我国目前政务公开程度较低、公民政治素质不高、某些传统消极的官场文化仍然存在，以及长期沉淀积累的问题与桎梏等客观因素，其改革效应尚有待观望。

② 2004年7月，重庆市政府已正式实行在11个重大行政决策和20类政务信息方面召开听证会或主动向社会公开，以保障群众的知情权。这是推进公众参与和监督作用发挥的一个良好开端。

③ 卢兆兴等：《董建华政府管治危机与出路》，香港：明报出版社有限公司，2002年，第19页。

代议制改革；次年，按照《白皮书》的规定，立法局以间接选举的方式进行了第一次民选；1987 年 5 月，港英政府发表了《1987 年代议制发展检讨绿皮书》，进一步推进代议制改革；1990 年 4 月，全国人大通过了《香港特别行政区基本法》；1991 年 9 月，香港举行首次立法局直选，香港 190 万登记选民中 75 万人参加了投票，同时催生了一大批政党组织；1997 年 7 月 1 日，中华人民共和国恢复对香港行使主权，开启了香港政治发展的新纪元；香港回归后，通过选举团选举产生行政长官、选举立法会和区议会成员等一系列政治制度投入运作，香港民主政治发展由此步入正轨并不断向前迈进。

这些重大政治事件的纷至沓来，不仅对香港的政治发展产生了巨大而深刻的影响，同时也是一次持续广泛的政治社会化过程。香港市民已经从根本上消除了“政治冷感”，形成了积极的参与意识与政治文化。主要体现在：

首先，香港市民的责任感与公民意识普遍增强。作为一个公民的责任感是公民意识的重要内容和衡量指标。香港市民在经历了上述一系列政治事件的洗礼之后，责任感与公民意识明显增强，对香港政治现象与政治生活表现出日益积极的关切和体察。有研究表明，当香港选民被问及其投票的原因时，最常见的答案是“尽自己的责任”、“尽一个公民的责任”、“不愿放弃自己的投票权”。显而易见，公民责任感是香港市民参与选举的主要因素。①

其次，香港市民的政治参与热情日益高涨。经历了多次的区议会和市政局选举以后，香港市民对用政治手段来争取、实现和维护自己的利益有了具体的体认和初步的信心。② 而且对特区政府的政治过程、权力结构与运作方式有了直观的了解，因此巩固了其通过政治参与实现政治利益的意识和预期，即相信可以通过一定程序的政治参与过程影响特区政府的政策制定，这基本上具备了成熟公民社会的意识基础。

香港市民在极短的时间里便完成了公民意识从觉醒到旺盛的转变，这不仅使得香港民主政治的社会条件更加成熟，同时也使市民对民主政治产生了更高的要求和期待，形成更多的民主诉求。主要官员问责制度正是产生于这一过程之中。作为香港政制改革的尝试性举措，问责制度的推行与改良，有赖于它与香港市民政治意识之间的良性互动。一方面，公民政治意识的发展为问责制度

① 郑宇硕等：《香港政治与选举》，牛津：牛津大学出版社，1995 年，第 141 页。

② 周平：《香港政治发展（1980～2004）》，北京：中国社会科学出版社，2006 年，第 158 页。

提供了自下而上的推动力量。持续升温的参与热情与政治心态，使香港市民越来越积极地关注权力行使与责任履行问题，主要官员问责制度正是特区政府为了更好的回应香港市民的政治需求，在有限的改革空间与条件下做出的现实选择。另一方面，问责制度强调主要官员为其任内政策承担全部责任，这势必要求其更好的体察民意、回应民意，并为这种政治沟通不断创建程序保障和制度保障，以提供更多的公民政治参与和利益表达的渠道和机会。这在客观上进一步鼓励了公民的政治热情，为培育更加成熟的公民意识与政治素养提供自上而下的制度化动力。

6.3 社会承受能力的制约作用

就政治发展研究的主题而言，20 世纪 60 年代注重政治民主，20 世纪 70 年代偏向政治稳定，而 20 世纪 70 年代以后则强调政治民主与政治稳定的结合与协调。[①] 可见，政治稳定已经成为与政治发展联系日益紧密的一个发展要素。因此在问责制度的构建过程中，对政治稳定和社会承受能力的考虑是十分必要的。对于香港主要官员问责制而言，由于其涉及了政制层面的改革，则显得尤其重要。

6.3.1 政治发展与渐进式改革

政治稳定是一个内涵极为丰富的范畴，它表示的是政治系统在运行中所呈现的秩序性和持续性。所谓秩序性，是指系统内部各要素排列秩序的合理性，意味着政治体系相对来说不存在暴力、武力、高压政治和分裂；所谓持续性，指系统功能的发挥不受阻碍，保持正常运转，意味着政治体系的关键成分相对来说不发生变化、政治发展不发生中断、社会中不存在希望政治体系发生根本改变的重要社会力量和政治运动，表现为政治制度既能维持已有的统治秩序，又能适应政治变化的能力：即政治体系在变革过程中，不存在全局性的政治动荡和政治骚乱。[②]

---

① 塞缪尔·P·亨廷顿：《政治发展》，F·I·格林斯坦、N·W·波尔斯比：《政治学手册精选》（下），竺乾威等译. 北京：商务印书馆，1996 年，第 153 页。

② 塞缪尔·P·亨廷顿：《政治发展》，F·I·格林斯坦、N·W·波尔斯比：《政治学手册精选》（下），竺乾威等译. 北京：商务印书馆，1996 年，第 155 页。

可见，政治稳定与政治发展是辩证统一的关系。首先，政治稳定是政治发展的目标和条件。只有保持稳定的政治秩序、政治环境与政治生态，才能为政治发展提供最基本的变革条件；其次，政治发展是政治稳定的根本途径。政治稳定的实质并不是抵制政治发展，而是政治系统对于自身环境发展变化进行不断调试的动态过程。当政治系统与其所处环境逐渐产生不适应或不协调时，就有赖于改革者运用恰当的改革方式，选择适宜的发展路径，才能弥补政治系统与其环境之间的冲突，实现持续的政治稳定。

政治稳定对政治发展的双重作用，催生了在发展中国家，尤其是民主政治欠发达国家和地区的渐进式改革思路。所谓渐进式改革是一种与突进式改革①相对应的发展方式，它表现为一种缓慢的、持续的积累过程，是指在旧体制阻力较大时，先在其周边发展起新体制或新的经济成分，随着这部分新体制的发展壮大，逐步改革旧体制。实质上，就是在旧体制“存量”暂时不变的情况下，在增量部分首先实行新体制，然后，随着新体制部分在总量中所占比重的不断加大，逐步改革旧体制部分，最终完成向新体制的全面过渡，制度变迁也就得以实现。②

通常而言，渐进式改革的发生条件包括：第一，原有体制的弊病虽已充分暴露，但旧体制的受益者甚多，他们对旧体制的依赖感较强，不愿意一下子就放弃旧体制，换一个新体制；第二，要求变革原有制度的呼声虽然很高，但人们对变革的认识并不一致，例如“变革什么”、“怎么变革”、“变革的目标是什么”等，相互间的分歧还比较大；第三，社会发展的不平衡性，具体表现为一个社会不同地区间、不同阶层间的发展不平衡，人们的贫富差距、教育水平、对外交往程度、价值取向、风俗习惯等相差比较大。在上述三个条件下，采用渐进式方式进行制度创新代价比较小、成功的希望大。③

作为制度创新的一种模式，渐进式是一种比较缓慢的量变过程，因此它对特定社会的震动比较小，整个社会可以在比较稳定的状态下实现创新。但另一

---

① 突进式改革是指制度变革表现为急速的、飞跃式的质的变化过程。参见周安伯等：《发展理论与中国现代化》，北京：国家行政学院出版社，1999 年，第 206 ~ 207 页。

② L. E. 戴维斯，D. C. 诺斯：《“制度变迁的理论：概念与原因”》，R. 科斯，A. 阿尔钦等：《财产权利与制度变迁——产权学派与新制度学派译文集》，上海：上海三联书店，上海人民出版社，1994 年，第 270 页。

③ 周安伯等：《发展理论与中国现代化》，北京：国家行政学院出版社，1999 年，第 206 ~ 207 页。

方面，由于新制度不可能在短时间内建立起来，时间跨度比较大，旧体制难免会影响、干扰新体制的建构，从而有可能导致新体制走形，达不到设计目标。

6.3.2 政治改革与社会承受能力

社会承受能力是对政治稳定的另一种诠释。亨廷顿（Samuel P. Huntington）在分析社会秩序变革时进一步谈到，改革（主要指在社会政治秩序延续下的改良行为）的难度和风险往往比革命更大，因为革命是要激化矛盾，而改革则要调和矛盾，要在激进势力和保守势力之间的互动中寻找平衡，还要在几个中心目标之间（如经济发展、社会公平和政治民主之间）作出阶段性的取舍，也就是说，改革的渐进性使得其最终目的的重要性常常要让位于对具体的操作过程和政治技巧的重视。① 从这个角度而言，清楚地掌握改革环境与利益结构，采取恰当的改革战略与模式，规避或减少风险成本，与改革本身至少应该是同样重要的。对改革的设计者和实践者来说，最重要的是如何在改革的过程中更好地处理复杂的利益诉求，同时准确估量社会对风险与冲击的承受能力，争取以最小的社会代价完成改革目标。

进一步而言，对于制度变迁的风险成本来说，一个起决定作用的核心要素是社会（公众）对变革和风险的承受能力。有学者提出了公众承受能力与风险成本之间的变量关系：②

$$G = \frac{W/P_n}{P_n}$$

其中，G 是政府管理所造成的风险成本对于个人的承受系数，W 表示政府管理所造成的风险成本总量，政府管辖区域内不承受风险成本损失的公众数量（M_1）与区域内公众总数量（M_n）的差额为 P_n，即 $P_n = M_n - M_1$。从公众承担政府管理所造成的风险成本的系数可以看出，公众承担政府管理风险成本的系数（G）与政府管理所造成的风险成本总量 W 成正比，与承受风险成本损失的公众数量占区域内公众总数量的比重 P_n（或 $M_n - M_1$）成反比。如果 G 的绝对值越大，公众对政府管理活动中造成的风险成本越在乎，反之，当 G

① 塞缪尔·亨廷顿：《变革社会中的政治秩序》，王冠华、刘为译．上海：上海人民出版社，2008 年，第 151 ~ 152 页。

② 何翔舟：《政府管理活动中的风险成本问题实证研究》，北京：中国社会科学出版社，2006 年，第 64 页。

的绝对值越小时，公众对于政府管理活动中所造成的风险成本越不在乎。

对于中国内地的发展而言，包括问责制在内的很多改革之所以选择渐进式的发展道路，主要就是基于内地不具备足够的政治条件和社会承受能力的考虑，而只能更多地针对政府管理和权力运行（而非权力关系）层面进行改革。

6.3.3 香港特区主要官员问责制的妥协

香港特区政府在考虑如何加强宪制发展的同时，始终未曾放弃对社会变革承受能力的审慎考虑。在推行主要官员问责制度的过程中，对改革风险与社会承受能力的妥协亦占据了非常重要的位置。香港回归后，香港公民在身份认同上存在着诸多困惑，公众情绪普遍浮躁不安，对冲击和变革的承受能力非常弱。有一种观点甚至认为，香港大多数市民之所以愿意接受中英两国关于香港问题的联合声明和《中华人民共和国香港特别行政区基本法》，中央政府关于"九七"后香港保持原有的资本主义制度和生活方式50年不变的承诺起到了至关重要的作用。换言之，对于回归后的香港公民来说，最渴望的是一个相对稳定的复苏期。

事实上，这也是香港特区政府进入第二届任期后才尝试性的触动政制改革的主要原因之一。新政府上任本应该大刀阔斧的进行一番改革，然而首届香港特区政府却一直按部就班、循规蹈矩，就连"不彻底"的主要官员问责制也是犹豫了五年之后才出台，主要是考虑政治稳定因素，香港社会和公众的承受能力有限，改革策略的选择自然要分外小心。

回归后，关于香港政制结构与发展模式的争论从未停止过，但无论是香港特别行政区第一届政府还是中央人民政府，都无意急于主动采取措施来推动香港的政治过渡。因此行政长官董建华在其第一任期内回避了政治矛盾，没有触动港英政府留下的政治架构①，而是积极引导香港社会将注意力集中于经济过渡，号召香港居民放眼香港经济和社会的长远发展，这是对末代港督彭定康单方面推行政制改革、促使香港社会过度政治化、加深香港社会分化的"矫正"措施，亦是在没有先例可援的条件下开始实践"一国两制"、"港人治港"、高

① 但是，香港学者刘兆佳则认为，董建华在首任行政长官任期内推行的这种"非政治化"是其管治战略的明显缺失，具体观点可参见：Lau Siu-kai，Ed. *The first Tung Chee-hwa Administration —— The First Five Years of the Hong Kong Special Administration Region*，Hong Kong：The Chinese University Press，2002. 78.

度自治的审慎之举。①

尽管有关《基本法》规定的香港政制框架的置疑，以及部长制和宪制改革的呼声一直不断，但必须予以肯定的是，《基本法》的相关规定没有照搬责任内阁制国家的做法（即议会可以对内阁投不信任票，内阁首相或总理可以解散议会），而是从香港的实际情况出发的：一方面，由于世界上很多实行部长制的国家，譬如英国，其政治体制发展历史悠久，政党政治以及公民政治意识发展均已趋于成熟，这一基本条件在香港尚未成熟；另一方面，在实行多党制而又没有一个政党能在议会中占有绝对多数议席时，实行部长制的结果，常常造成内阁的频繁变更和政府的不稳定。这样的制度必然导致香港面临局势的动荡和急剧的改变，不利于香港回归之后的恢复和发展。

主要官员问责制度是作为一种对现实条件的呼应和妥协，代替所谓的部长制来完成特区政府的政制改革使命。但依然有不少观点认为香港政府在推行主要官员问责制时，低估了该项举措的风险成本，并导致香港从 2002 年（这一年，香港特区第二届政府班底就任，同时主要官员问责制度开始推行）开始迅速陷入复杂的多领域危机，激化了一系列社会矛盾。而香港缺乏全面准确地理解“一国两制”、同时对香港社会性质和历史方位具有全面深刻认识的政治人才，缺乏配合政制改革的社会条件，以及缺乏成熟的政党政治等一系列社会弊病也因此被突显甚至加剧。

6.4 改革预期的限定作用

政府的任何改革都是基于一定的预期，这种预期在很大程度限定了改革发展的方向、方式和轨迹，并进一步直接影响着改革者对改革效果的评价。因此通常来说，科学合理的预期有助于形成对改革本身的推动和引导的合力，而不切实际的过高预期会导致一系列失望和指责，进而制约改革的进一步发展。

在问责制度的产生机理上，中国内地在危机情境下被迫选择了一种相对单纯的改革预期，即在最短的时间内控制和化解危机，恢复社会生产和经济生活的正常秩序。实践证明中央政府以其果断的决策和强大的行政控制能力兑现了

① 周八骏：《21 世纪初的中国：改革·发展·统一》，上海：上海人民出版社，2006 年，第 201 ~203 页。

这个承诺。在这个意义上，轰轰烈烈的官员问责风暴雨后春笋般出现的各地问责制度法规，以及日益深入人心的问责理念，并在中央政府面对“SARS”危机时决定罢免若干高层官员的最初预期之内，而更多的是危机情境得到控制和缓解之后，中央及各地方政府抓住这次历史机遇，顺势强力推动我国政府、尤其是政府官员责任机制改革的追加行为。事实上，这也符合并再次延承了中国内地一惯的渐进式改革思路。

相比之下，香港特区政府推行主要官员问责制度的背景更加复杂，这也决定了对该项政制改革的预期更加难以把握。事实上，香港作为中华人民共和国的一个特别行政区，其身份的特殊性决定了在推行政治体制层面的改革时，势必涉及到多个权力主体的预期，即来自香港特区政府对自身政制改革的发展预期、来自香港社会的改革呼声与压力，以及中央政府对香港特别行政区自主进行政制改革的框架限定。而香港特区主要官员问责制度的发展轨迹，必然是其内部预期与外部预期共同推动和限定的结果。

6.4.1 香港特区问责制度的自我预期

香港特区政府所推行的主要官员问责制，最初旨在使政府更好地响应市民的诉求，并为其施政带来新的变化。具体而言，香港特区政府对问责制实施的预期主要包括以下几个方面。

1. 在新的制度安排下，政府可以更全面和迅速地响应市民的诉求。由于问责制官员有别于永久性的公务员，他们要为自己所制定的政策（不论成功与失败）负上政治责任。这样主要官员就会有强烈的诱因去重视民意，听取民意和掌握民意，以确保其政策符合民情，提供的服务切合市民的需要。以政绩表现来赢取市民的信任和支持。在这个基础上，政府应该可以变得更开放、更能及时响应市民的诉求，进而建立起更具民意基础的政府。

2. 新的制度会改善行政与立法的关系。主要官员将有更大的结构性诱因与立法会加强合作、充分沟通，争取立法会的支持，以便他们提出的立法及拨款建议得到立法会的通过。行政和立法的关系得以加强和改善的结果，必然是更有效率和更负责任地为市民大众服务。

3. 形成一个目标一致的特区政府决策团队。问责制实施后，行政长官及14 位问责制主要官员组成核心的行政会议，它的操作类似一个“内阁”形式的政府决策团队，这样所有决策局局长都可以直接参与政府最高层的决策，以及政策的合作、立法的安排以及资源的分配和统筹等，这种模式理论上可以实现特区政府施政目标的明确、方向的一致和效率的提高。

4. 确保并维护公务员的中立原则。这一点在推行问责制之前被反复提及，即问责制的推行务必要在确保现行公务员架构稳定延续和政治中立的价值不受威胁的前提之下。政府当局在介绍和论证主要官员问责制度时，反复强调了这项制度旨在可以更好地确保并维护公务员队伍的稳定和中立，即带有政治倾向色彩的决策局局长脱离了公务员队伍，公务员也无须再为决策的成败承担责任，而可以专注于政策的执行。

对于香港特区政府而言，主要官员问责制度被预期成为一个积极的、“对香港社会来说是有百利而无一害的”① 的制度。而且根据 2002 年 5 月 14 日至 23 日期间，由尼尔森（ACNielsen）市场调查公司应民政事务局委托进行的一项民意调查结果显示：“市民对问责制能改善香港政府的施政及提升官员责任充满信心”，65.14% 的受访者赞成政府的方案，反对的只有 14.15%。② 其他一些民意调查结果也验证了这一点，这表明大部分市民认同了政府的改革预期，支持政府推行主要官员问责制。

但事实证明，良好的预期并不意味着改革能轻而易举成功，问责制推行之后在部分实现了其改革预期的同时，也遭遇了很多复杂的社会压力与发展困惑，导致政府政策制定和执行出现诸多新的障碍，并引发一系列社会指责和舆论置疑，问责制度改革也因此一度陷入被动局面。

6.4.2 外部预期下的改革空间

政府改革总是要面临一系列政治因素的影响，并因此而被限定在特定的改革空间之内。香港回归以来，香港各界政制改革的呼声从未停止，“政改”日益成为香港特区政府无法回避的现实问题，但历史固有的政制缺陷和《基本法》约束下既定的改革空间，使得香港的主要官员问责制度增加了颇多妥协的成份。

香港的管治架构是在殖民地时代发展和建立起来的，呈现出“权力非常集中，命令系统一元化，行政组织呈垂直型”③ 的特点。政府绝对主导，立法

---

① 香港特别行政区政务司司长曾荫权就主要官员问责制举行记者招待会的发言［EB/OL］. http://www.info.gov.hk/gia/general/200204/17/0417258.htm，2002 年 4 月 17 日。

② 调查显示主要官员问责制得到市民显著支持（香港政府新闻公报）［EB/OL］. http://www.info.gov.hk/gia/general/200205/29/0529095.htm，2002 年 5 月 29 日。

③ 徐克恩：《香港：独特的政制架构》，北京：中国人民大学出版社，1994 年，第 59 页。

局只是一个咨询组织，而司法部门则只担当配合的角色，因此政府的运作效率非常高。当时的港督由英王及英国政府委任，在港督之下是由布政司统领的公务员系统。布政司是港英政府的中央机构和指挥中枢，其司长是港督的决策顾问，同时也是公务员的首长。这种体制通过吸纳社会上的精英进入政府或咨询机构，从而保证了在殖民统治下香港政治和社会的稳定。因此，有学者称这种体制为“行政吸纳政治”或“隔离的官僚政治”①，而港英政府自称为“咨询式政府”②。

香港回归后，根据《基本法》的规定，行政长官是香港特区的首长，领导特区政府，并依照《基本法》的规定对中央人民政府和香港特区负责。行政长官由具有广泛代表性的选举委员会根据《基本法》选出，并由中央人民政府任命。选举委员会共有 800 人，其中工商和金融界 200 人，专业界 200 人，劳工、社会服务和宗教界 200 人，立法会代表、区域性组织代表、香港地区的全国人大代表和全国政协委员代表 200 人，任期为 4 年。

《基本法》中有关香港特别行政区政治体制的部分强调了两个基本点：行政主导和循序渐进。其中行政主导是针对政府施政的模式而言：为了确保香港的稳定、繁荣和发展，必须有强政府，不能是弱政府；必须建立行政权威，以便高效率地处理大量涌现的各种问题。循序渐进是有关于立法会以及行政长官实现普选的进程。③ 1998 年，香港特别行政区第一届立法会成立，由于产生了直选议员，立法会的运作及其与政府的关系有了显著变化。根据《基本法》第六十六至六十九条规定，立法会的职权包括“制定法律；审核及通过财政预算、税收和公共开支；监察政府的工作；以及同意终审法院法官和高等法院首席法官的任免，并有权弹劾行政长官”，“香港特别行政区政府必须遵守法律，对香港特别行政区立法会负责”。立法会权力的扩张和实际运用，使其与政府的关系极为紧张甚至出现困局。政府为通过法例，往往要出尽法宝进行游说工作，这种政治文化的转变，令政务官出身的官员难以适应和接受，甚至有政策局局长辞职另谋高就。

立法会与行政机关之间的矛盾激化了香港特别行政区政制改革的形势，不

---

① Siu-Kailau, *Society and Politics in Hong Kong*, Hong Kong: The Chinese University Press, 1982. 66.

② 王晓波等：《高官问责制及其对香港政治及行政体制发展的影响》，《中国行政管理》2002 年第 7 期。

③ 参见肖蔚云：《香港基本法的成功实践》，北京：北京大学出版社，2000 年，第 39 ~ 40 页。

少议员和政团纷纷催促当局尽快就行政与立法的关系、部长制和透过普及而平等的选举选出行政长官和立法会等事宜进行公众咨询。① 其中，部长制引起了最为广泛和热烈的争论，有观点认为部长制可以解决香港当时面临的问题，另一部分观点则认为，部长制在香港的现实环境下是不可行的。“急功近利，追求短期利益的改变，可能遗害更深。盲目追求部长制，倒不如尽快进行有关改制的检讨和公众咨询。”② 邓小平早在1989年就曾经强调：“现在香港的政治制度就不是实行英国的制度、美国的制度，今后也不能照搬西方的一套。”③ 事实上，香港特区政府最后是从实际出发，在《基本法》的宪制框架下，折衷地选择了一种与“部长制”具有共同的政治精神（二者的核心诉求都是主要官员应为政府政策承担政治责任）、但相对平缓的改革方式，即以弹性合约为基础的问责制，以期能够在当时的政治体制困局之中，作出小小突破。

此外，主要官员问责制度的妥协性还源于《基本法》所规定的香港特别行政区政制改革“循序渐进”的政治基调。如前所述，自从香港回归后，香港各界有关尽快实现普选的呼声就从未间断，政制改革的趋势日渐突显。但是在《基本法》中已经订明香港民主发展的蓝图，即“有关办法应根据香港特别行政区的实际情况和循序渐进的原则而规定，最终达致全部议员由普选产生的目标”。同时为香港特区的政制发展定下了10年的时间表：“2007年以后各任行政长官的产生办法如需修改，须经立法会全体议员三分之二多数通过，行政长官同意，并报全国人民代表大会常务委员会批准。”“2007年以后香港特别行政区立法会的产生办法和法案、议案的表决程序，如需对本附件的规定进行修改，须经立法会全体议员三分之二多数通过，行政长官同意，并报全国人民代表大会常务委员会备案。”④ 《基本法》做此规定必然是出于对香港特区

---

① 甚至有议员以“回避政改，蓝图褪色”作为结语来评价1997年香港政府施政报告中对政制发展的回避。参见2000年1月12日香港特别行政区立法会会议过程正式记录。

② 2000年1月12日香港特别行政区立法会会议过程正式记录。

③ 肖蔚云等：《论香港基本法的三年实践》，北京：法律出版社，2001年，第45~48页。

④ 2007年12月29日，第十届全国人民代表大会常务委员会第三十一次会议审议了香港特别行政区行政长官曾荫权提交的《关于香港特别行政区政制发展咨询情况及2012年行政长官和立法会产生办法是否需要修改的报告》，并通过了《关于香港特别行政区2012年行政长官和立法会产生办法及有关普选问题的决定》。决定修改了之前做出的决议，即2012年香港特别行政区第四任行政长官和第五届立法会的选举，不实行普选产生的办法，功能团体和分区直选产生的议员比例，以及立法会表决程序维持不变。2017年，香港特别行政区行政长官和立法会的选举可以实行由普选产生的办法。

政制发展与稳定兼顾的多重考虑，但无疑限定了其政治发展空间与民主化进程。而香港特区政府也最终选择了充分利用《基本法》给予香港的时间，按照《基本法》的规定，在巨大的改革压力和有限的改革空间下，循序渐进的推进政制改革，主要官员问责制度正是其改革方案的第一步。

第7章

问责制度构建模式的比较：发生、改进与定位

不同国家和地区的发展阶段、历史传统和现实环境，决定了其改革面临不同的制约与困境，进而形成了问责制度不同的发展模式。中国内地与香港官员问责制度的构建模式具有颇多不同之处，这种差异可以从不同的层面进行比较分析和归纳：从决策程序层面，中国内地的官员问责制度是以非常规的危机决策形式发生，而香港主要官员问责制度则遵循了一般意义上的常规决策程序；从制度构成形式的层面，中国内地的官员问责制是基于单项规则的推进，而香港主要官员问责制更强调制度体系的整体构建；从改革性质层面，中国内地选择在行政管理改革框架内推行官员问责制，而香港主要官员问责制则属于政治体制层面的尝试性改革。

7.1 发生模式：危机决策与常规决策

所有政府改革都“可以被看作成一个政策过程，即政治权威在特定的政治环境和政治体系中，按照特定的规则选择和制定政策，并付诸实施的过程”①。通常而言，政策制定可分为常规化的程序决策与非常规化的危机决策。中国内地与香港的改革实践，证明了问责制度可分别以常规决策和危机决策两种不同的模式发生。

7.1.1 政策制定的两种程序

公共政策往往是指“具有目标、价值与策略的大型计划”，甚至可以说，

① 徐湘林：《从政治发展理论到政策过程理论——中国政治改革研究的中层理论建构探讨》，《中国社会科学》2004年第3期。

"凡是政府决定做的或不做的事情就是公共政策"。[①] 根据决策程序的类型和特征，公共决策体系可分为和平时期常规状态下的程序化决策和危机时期非常规状态下的非程序化决策两个方面。[②] 程序化决策也称为常规性决策或例行性决策，指按既定程序和方法处理常规性或重复性问题时的决策过程；非程序化决策指面对新的、首次遇到的或特别复杂的问题而无常规可循的决策过程，[③] 由于两种不同的决策模式面对的是不同的决策问题，处于不同的决策环境，因此它们在决策的价值取向、约束条件和决策程序等方面都存在很大的差异。

1. 常规决策的步骤与过程

关于常规状态下的政策分析过程，国内外很多学者提出了不同的观点：欧文（Owen E. Hughes）认为政策过程模式包括：核实说明问题、建立评估标准、确定可供选择的政策、评估可供选择的政策、选择可供选择的政策和监控政策结果。[④] 国内学者夏书章认为行政决策的基本程序包括：发现问题确定目标、拟制备用方案、选择最佳方案和方案的修正完善。[⑤] 国内学者陈振明认为政策分析过程包括八个基本步骤：问题界定、标准设立、方案搜寻、结果预测、方案抉择、政策执行与监测、结果评估和政策变迁。[⑥] 综合政策分析专家与学者的观点，作者认为一般意上的常规决策过程通常包括如下环节：

发现问题并确定目标。任何决策都是从发现问题开始，如果没有抓住面临的主要问题，就无法做出正确决策。[⑦] 问题的表象和本质之间总是存在着一定的差距。因此决策者们所面临的往往并不是一个确定的或真正的问题，他们必须清除不相关的信息干扰，精确地界定问题的根源和关键，才能对症下药，真正地解决问题。

---

① 陈振明：《公共管理学——一种不同于传统行政学的研究途径》，北京：中国人民大学出版社，1999 年，第 236 页。

② 薛澜等：《危机管理：转型期中国面临的挑战》，北京：清华大学出版社，2003 年，第 161 页。

③ 彭和平：《公共行政管理》（修订版），北京：中国人民大学出版社，2004 年，第 205 页。

④ Owen E. Hughes，*Public Management and Administration*：*an Introduction* ，Palgrave Macmillan，2003. 135 ~ 139.

⑤ 夏书章：《行政管理学》，北京：高等教育出版社，广州：中山大学出版社，2004 年，第 200 ~ 203 页。

⑥ 陈振明：《公共管理学——一种不同于传统行政学的研究途径》，北京：中国人民大学出版社，1999 年，第 68 页。

⑦ 夏书章：《行政管理学》，北京：高等教育出版社，广州：中山大学出版社，2004 年，第 201 页。

提出备选方案并选择最佳方案。这一过程通常包括三个环节：（1）与问题和方案相关信息的调查搜集。决策者通过组织调查、研究讨论、分析实验等方法，不断积累与特定政策问题相关的信息与资料，并形成一系列备选方案；（2）广泛的公众咨询和科学论证。依据法定程序，对备选方案的技术可行性、经济可行性和政治－行政可行性进行广泛的公众咨询、专家论证以及决策团体的内部讨论；（3）最佳方案的抉择。根据咨询与论证的结果，选择最优方案或最满意方案，并依据法定程序推行政策试点或直接实现政策方案的合法化。

方案结果的预测。政策未来或政策结果的预测是政策分析过程的另一个关键环节，它构成了政策方案的比较、选择与评估的基础。通过对方案结果的合理预测，一方面可以加深决策者对决策问题与决策方案的认识，另一方面也可以争取更多的政治支持与社会支持。此外，方案结果的预测也成为日后对政策效果进行评估的重要指标。

方案的反馈与修正。方案确定后并不意味着决策的终结。由于认识的有限性和信息的不确定，决策的科学性并不能成为常态。即使决策正确，在政策执行过程中，也有可能发生政策的曲解、走样甚至滥用，因此必须对政策执行过程加以监控和测评，经由畅通的信息反馈渠道，使决策者及时了解方案实施的情况，以便及时采取修正措施。

2. 非常规决策的特点与过程

危机状态下的非常规决策，往往要求决策者在有限的时间、资源和人力等约束条件下，为了不错失良机而打破常规，省去某些“繁文缛节”，以尽快的速度完成应对危机的具体措施。事实上，危机应对实质上就是一种非常规的决策情势。

危机状态下的非常规决策需要决策者在特殊的决策环境下解决特殊的决策问题，具体而言，形成危机决策的形势需要具备三个方面的要素：第一，决策问题的发生、发展具有突然性、急剧性，需要决策者在最短的时间内当机立断；第二，决策问题的发生、发展具有无序性，可供决策者利用的时间和信息等资源非常有限；第三，决策问题的发生具有破坏性和不确定性，事态的发展危及决策单位或决策者的根本利益，但决策的后果很难预料。①

危机是一种内涵了危险和机遇的复合概念，是对组织领导者判断能力和应

① 薛澜等：《危机管理：转型期中国面临的挑战》，北京：清华大学出版社，2003年，第164页。

对经验的严峻考验。危机的处理对策之所以被称为非常规决策，就是由于危机往往是指那些在过去尚未发生过，或因为其性质和结构上的捉摸不定，因此需要决策主体在很大程度上依靠其经验、洞察力和直觉来做出判断，而不存在一种可以遵循的常规模式。但这并不意味着危机决策的随意性和完全无从把握。由于在危机情境下，组织的安全和核心价值观念往往受到严重威胁或挑战，突发的意外事件及其不确定的前景造成了高度的紧张和压力，甚至会威胁组织的继续生存。因此，危机处理决策的最高目标是在最短的时间内，稳定经济系统、社会系统和政治系统并恢复其正常秩序，尽快化解危机。由于决策背景和决策问题的特殊性，与常规决策相比，危机决策体现出了约束条件与决策程序上的特殊要求：

在约束条件方面，危机决策的特殊要求主要体现在时间、信息和决策主体三个方面。首先，危机决策往往要求决策者在相当有限的时间里所作出重要决策和反应，“时间第一”成为首要的原则要求；其次，危机决策往往面临着信息的不完全、不及时和不准确的局限，主观经验成为决策的主要依据；最后，危机的紧迫性和信息的极度有限性，无疑对决策者的决策能力提出了更高的要求，即不仅要有足够的心理承受能力，同时必须具备敏锐的洞察力，果断恰当地估计和控制危机形势，并制止危机势态的蔓延。①

在决策程序方面，危机常常会导致常规决策程序的混乱甚至倒置。这使得很多环节变得难以实现，例如理性决策所需要的全面分析、议价途径的试错法、参与型决策中的商议以及公共选择中对私人部门的信赖等。② 当然这种程序上的简化必须在尽可能地不损害决策的合理性、不会对公众利益造成不必要的损害以及尽量避免冲击政治系统稳定性的前提下做出。

有学者用直观的图表方式比较了常规决策与危机状态下的非常规决策之间的区别，见表6：

① 薛澜等：《危机管理：转型期中国面临的挑战》，北京：清华大学出版社，2003年，第165～169页。

② James W. Fesler, Donald F. Kettl, *The Politics of the Administrative Process* , New York: Chatham House Publishers, 1996. 278.

表 6：常规决策和非常规决策类型比较一览①

决策类型	类型特点	决策制定技术	
		传统式	现代式
常规决策	程序化的：常规性、反复性决策。	1. 习惯 2. 事务性常规工作：标准操作规程 3. 组织结构：普通可能性，此目标系统明确规定的信息通道	1. 运筹学，数学分析，模型，电子计算机模拟 2. 电子数据处理
非常规决策	非程序化的：单射式，结构不良，新的政策性决策。	1. 判断、直觉和创造 2. 概测法 3. 管理者的遴选和培训	探索式问题解决技术，适用于： 1. 培训人类决策制定者 2. 编制探索式计算机程序

中国内地的官员问责制度是危机状态下的应急反应，是政府凭借其强大的行政执行力量，力求在最短的时间内控制并化解危机，恢复政治、经济和社会生活正常秩序的战略选择，事实证明，尽管内地问责制度存在诸多缺陷与不足，以及在后期的深入发展中面临了各种各样的改革困境，但由于其推行使内地政府及公众迅速成功地摆脱了公共危机的局面，这种制度表现成效上的认受性，在很大程度上弥补了其制度程序上的非常规性。②

7.1.2 程序化的常规决策：以香港为例

香港特区主要官员问责制度的发生环境也充斥着不同层面的公共危机与社会问题，但总体而言，香港特区政府并没有将问责制度定位为一种危机应对性计划，而是遵循常规化的决策步骤，以程序上的完整性、合法性保障制度的有效推行。具体而言，香港特区主要官员问责制度的出台主要经历了“议案的

① 资料来源：贺仲雄、王伟：《决策科学：从最优到满意》，重庆：重庆出版社，1988 年，第 219 页。

② 任何制度或体制的认受性（legitimacy）都是基于两方面：表现（performance）和程序（procedure）。例如，西方民主体制的认受性主要是基于程序上的，即行政立法成员皆由直选产生。市民如果不满政府，可以在下次大选中选择其他政党候选人；殖民地时代的香港，其政权的认受性则主要是基于表现，特别是经济上的表现；中国内地官员问责制度的认受性同样是基于表现，即该制度的出台虽缺乏常规化的程序，却在短时间内使经济发展和社会秩序摆脱了危机状态。关于制度的认受性，可以参见卢兆兴等：《董建华政府管治危机与出路》，香港：明报出版社有限公司，2002 年，第 40 页。

提出”、“公众咨询与调查”、“制度论证”以及“效果反馈与持续改进”几个阶段程序。①

1. 公众咨询与调查

自主要官员问责制设想提出开始，香港特别行政区立法会政制事务委员会安排了多次公众咨询与调查，为制度的出台积累民意支持与舆论保障。事务委员会除了在2001年1~2月集中关注社会反响、广泛搜集多方意见之外，又于2001年6月派出代表团前往英国、法国及德国进行访问，考察这些国家行政机关的问责制度，并提交了详尽的考察报告。

2002年4月19日立法会政制事务委员会会议上，事务委员决定成立小组委员会，专门负责研究拟议问责制及相关事宜（该小组委员会定名为研究拟议主要官员问责制及相关事宜小组委员会）。小组委员会曾于多份本地报刊上刊登广告，邀请公众人士就拟议问责制表达意见，并收到128个团体及人士提交的意见书。② 此外，在2002年5月11~18日问责制推行前的公众听证会上，亦有89个团体及人士到小组委员会席前口头申述意见。③ 小组委员会曾分别于2002年5月24日、6月7日及6月14日向政务委员会提交了3份报告④，详细载述小组委员会的调查工作。

此外，在主要官员问责制实施之前，香港特区立法会还委托香港中文大学香港亚太研究所进行了一项电话民意调查，以了解市民的看法和态度。该调查于2002年4月22~25日进行，调查的结果摘要发布了新闻公报。从这份调查报告中可以看出：（1）支持政府公布的主要官员问责制并持正面期待的市民较不支持的为多，即有41.7%的被访者表示支持，表示不支持的有30.1%，

---

① 其中，议案的提出环节在3.3.1已经有所涉及，此处不再赘述。

② 在128份意见书中，有108个支持主要官员问责制，3个表示反对，余下的17个没有明确表示支持或反对，只就建议的某些范畴发表意见。参见香港特别行政区立法会研究拟议主要官员问责制及相关事宜小组委员会：《五月十一日及十八日公众听证会：政府就公众所提意见的回应》，立法会CB（2）2107/01-02（01）号文件，2002年5月20日。

③ 香港特别行政区立法会研究拟议主要官员问责制及相关事宜小组委员会提交的中期报告，香港特别行政区立法会CB（2）2015/01-02号文件，2002年5月24日。

④ 分别是香港特别行政区立法会研究拟议主要官员问责制及相关事宜小组委员会提交的中期报告，立法会CB（2）2015/01-02号文件，2002年5月24日；香港特别行政区立法会研究拟议主要官员问责制及相关事宜小组委员会提交的报告，立法会CB（2）2171/01-02号文件，2002年6月7日；香港特别行政区立法会研究拟议主要官员问责制及相关事宜小组委员会提交的最后报告，立法会CB（2）2277/01-02号文件，2002年6月14日。

但未形成绝对多数；（2）市民对问责制官员的去留只由特首一人决定的看法颇有保留，也有些担心特首因此制度而更加大权独揽，缺乏制衡；（3）有过半数的市民认为问责制官员应以外界人士为主或与公务员平分秋色，但他们对特首能否在公务员以外找到足够人才出任问责制官员却有一定的疑虑；（4）市民比较认同政府建议将现有决策局合并为 11 个的数目，而且并不特别担心有关的合并会造成行政混乱；（5）尽管时任特首董建华表示很希望主要官员问责制能够在当年 7 月 1 日实行，但有 63.9% 的被访者表示这个时间表过于仓促，讨论的时间并不足够。①

2. 制度论证

主要官员问责制度出台之前，香港特区政府成立了专门的“研究拟议主要官员问责制及相关事宜小组委员会”。截至 2002 年 6 月，小组委员会与政府当局共举行了 14 次会议，讨论问责制各方面的事宜。历次有关问责制度的讨论证明，香港各界公众、媒体及社团等大体都认同政府寻求改善制度的努力，对主要官员问责制度的现实需要有比较大的共识，但在细节上有不同的意见，争论主要集中在以下几个方面。

（1）关于行政会议组成方式的争论。尽管对于这个问题，《基本法》的有关条文已经做出了明确的规定，但新制度的拟定实施还是引发了一系列争论。部分议员提出了几点担心：首先，获政治任命的官员只会对行政长官负责，而削弱公务员的制衡能力，因此行政会议中必须有公务员身份的成员，对行政长官作出必要的制约；其次，新制度应该尽管避免因为政治任命的官员与公务员之间的对立，导致“部长无法令公务员按照他的指示行事”②。当局应作出恰当的安排，确保获政治任命的官员与终身制公务员互相尊重，合作无间；最后，所有主要官员的职位均由获政治任命的官员出任，可能会导致对公务员施加过多政治干预。这一点也引申到要求当局订立机制，确保公务员保持政治中

① 关于民意调查的详细内容可以参见本书的附录 5。此外，岭南大学意见调查研究部和民主党研究中心等调查机构也做了类似的民意调查，结果并无明显或实质性差异。这说明，香港民众对主要官员问责制度均持有一定的正面期待，但并未形成绝对多数，而真正怀有保留和观望态度的在很大程度上并非针对问责制度本身，而是对特区政府的改革能力及所能取得的制度效果表示置疑。

② 这种情况在英国较为常见，例如，一名部长无法令某名会计总管人员（相当于香港的管制人员）按照他的指示，作出超过预算金额的开支。

立的争论。①

（2）关于政策局合并的争论。关于政策局的数目，立法会与当局曾进行了多次争论。尽管行政长官一直坚持，当局主要是从资源分配更合理和政策内容更协调的角度，将一些政策局进行合并②，但仍有多位议员指责当局在合并政策局之前并没有正式的公众咨询或征求时任局长的意见。同时亦无法证明这个数字的科学性，即“没有明显的好处，也看不到新的组合有很强的理性基础”③，认为这种举措忽略了决策局合并过程中的职权范围、运作协调及若干细节。

（3）关于问责制度的合宪性争论。在对问责制的合宪性论证过程中，终审法院采用了考虑立法目的的取向诠释《基本法》。一是问责制下主要官员的任免办法符合《基本法》。《基本法》并没有规定主要官员必须以公务员条款及条件聘任④，而且也没有对主要官员是否实行终身制进行相关规定。二是委任所有问责制主要官员加入行政会议，并不会影响《基本法》有关委任立法会议员和社会人士加入行政会议的规定，而且《基本法》没有订明行政会议成员的数目，也没有规定主要官员、立法会议员或社会人士各占的比例。三是问责制下若干决策局的重组符合《基本法》的规定，《基本法》并没有指明决策局的数目、职能或名称。同时，《基本法》订明若干制度必须保持，但没有规定保持原来的政府架构。

（4）关于问责官员的聘用及利益冲突问题的争论。问题首先集中于问责官员是否从公务员队伍中选拔。大多数议员并不排斥从公务员队伍中选拔主要官员，或者对合适的高级公务员进行政治任命，但条件是首先他们必须离开公

---

① 英国的《公务员守则》载列全体公务员行事的宪制架构，以及他们理应持守的价值观。英国的大臣有责任维护公务员中立持正的原则，而且不得要求公务员作出有违《公务员守则》的行为。这一问题在随后出台的香港特区政府《问责制主要官员守则》中得到了体现和解决。

② 对此，当局专门发出了一份参考文件向立法会解释政策局如何进行合并的事项。

③ 在政制事务委员会会议上就推行主要官员问责制此项建议提出的关注及意见摘要，立法会 CB（2）1691/01－02（04）号文件，2002 年 4 月 23 日。

④《基本法》虽然规定原有关于公务人员的招聘、雇用、考核、纪律、培训和管理的制度予以保留。不过这没有阻碍政府在细节上发展和改善公务人员体制，只要所作变更是为香港特别行政区的良好管治而做出的便可。支持这一见解的论据载于香港高院宪法及行政诉讼 1998 年第 9 号“海外公务员协会诉公务员事务局局长”一案高等法院原讼法庭的判决。按法庭判决，保证公务人员服务条件不低于原来的标准的《基本法》第一百条，其目的主要在于确保没有公务人员会因香港回归本身而受到影响，而并非为了阻碍政府为香港的良好管治而引进新措施。

务员队伍，他们的支薪方式和服务条件亦必须相应地有别于公务员；其次是尽管立法会议员在原则上可获委任为司局级官员，但为了避免令选民感到混淆，议员们普遍不建议在拟议的问责制度下委任立法会议员担任司局级官员；此外，很多议员指出，政府当局必须制定特别法例，使政治任命官员的申报利益机制更为完善，并有依据作出更严谨的政治审查、政策审核，以及有关离职后工作的限制规定。

(5) 关于主要官员和常任秘书长职责划分的争论。按照问责制的规定，常任秘书长协助主要官员研究和制订政策、监察政策的实施以及管理资源，并在有需要时，按主要官员的指示向公众和立法会解释政策和政府立场，以保证主要官员可以专注了解民情、加强和议员沟通、争取公众和立法会支持等对外工作。但立法会议员及其他政团普遍反映，为确保公务员的政治中立原则，常任秘书长和问责制官员在权责上的分工，应该在机制上有更清晰的分野，并在《问责制主要官员守则》和将来应提出的《公务员法》或《公务员行为守则》内订明。

3. 效果反馈与持续改进

主要官员问责制由2002年7月1日起实施，香港特别行政区政府当局根据之前的承诺，分别在新制度实施后的6个月及12个月后提交成效报告，以检讨推行问责制后各方面的情况和效果：①

(1) 有关政务司司长和财政司司长的法定权力和职能。政府检讨了问责制赋予政务司司长和财政司司长的法定权力和职能，以探讨其中部分职能应否继续授予政务司司长或财政司司长，或者应该转授予负责相关政策范畴的局长。在进行检讨时的基本原则是，如权力和职能明确界定属于某局长的政策范畴，或在问责制下行使这些权力和职能有助于相关局长更有效的执行其职责，这些权力和职能便会转移给有关局长。否则这些权力和职能将继续赋予政务司司长和财政司司长。检讨的结果是，当局将其中一些法定权力和职能转移给相

① 关于香港特区主要官员问责制度实施后的效果反馈与持续改进，详细内容可参见下列文献：香港特别行政区立法会政制事务委员会：《主要官员问责制实施成效报告》（实施6个月成效报告），立法会CB（2）930/02－03（02）号文件，2003年1月15日；香港特别行政区立法会政制事务委员会：《主要官员问责制实施成效报告》（实施12个月成效报告），立法会CB（2）2864/02－03（03）号文件，2003年7月15日；香港特别行政区立法会政制事务委员会：立法会秘书处拟备的背景资料简介及主要官员问责制的实施情况（续），立法会CB（2）2864/02－03（02）号文件，2003年7月18日。

关的局长，并发出官方文件重新说明司局之间的角色和职务。

（2）有关主要官员利益冲突事宜。自问责制开始实施的12个月之中，政制事务委员会曾举行3次会议，讨论防止利益冲突的相关事宜。至问责制实施一年成效报告提交时，政府已完成了检讨并引进了一些变更，包括：主要官员需在履任后14日内完成有关申报，而其后每年的申报则须在7月1日起计的14日内完成；主要官员亦需要就其拥有的地产或房产申报更多的资料，供公众查阅；假如他们在私人公司拥有权益，不论是本地或离岸公司，都需要申报公司的业务性质，供公众查阅；如要在私人公司持有任何权益，必须取得行政长官的批准。①

（3）关于局署的工作关系问题。具体包括，11名局长已就辖下局署是否需要重组作出初步评估。截至主要官员问责制实施12个月时，在11个决策局中，房屋及规划地政局、教育局、公务员事务局和财经事务及库务局在重组工作上已有进展，其它政策局的重整精简工作也列入了规划议程。政府表示，透过架构重组和其它精简及节省开支计划，每年可节省1111.158万元，已经远远超过问责制于2002年7月1日实施时所涉及的422.28万元的开支。②

此外，在问责制度实施之后，香港著名的民间调查机构“新力量网络管治改革小组（www.synergynet.org.hk）”连续三年在其所做的有关香港管治制度成效的深度报告中，发表了“香港公众对于香港政府管治表现评价”的民意调查结果，引起了广泛的社会关注，基本上可以反映香港民众对于主要官员问责制度实施效果的反馈和评价。根据这份报告显示：（1）民众对于香港特区政府在2003年管治表现的各个方面均不满意，所给分数鲜有超过4分（满分为10分）的；2004年稍有改善，但仍差强人意；至2005年，公众对政府及行政长官表现的评分才开始有明显的提升。（2）民众评价最高的始终是公务员队伍和香港政府的法治、透明与廉洁。（3）民众评价最低的始终是特区政府的主要官员，如“司局长愿意为政策失误采取行动，以负上责任”、“公众咨询能直接影响政府最终的决策”、“政府能掌握社会整体的需要”、“政府愿意听取尖锐的批评”、“问责制司局长是处事公正的”等方面几乎始终为调

① 行政长官批准主要官员在私人公司持有的权益，只包括拥有私人汽车、房屋、会所会籍，以及与公职并无利益冲突的个人投资项目。

② 在2002年7月1日实施问责制时，因其而新增的年平均员工开支净总额预计为42,228,000元，政府承诺会在12个月内通过重整内部架构节省足够款项和资源，使推行问责制不涉及额外开支。

查问卷中的最低分数项，其中尤其以中产阶段和大学学者对主要官员掌握民意和承担责任方面非常不满。①

从上述问责制度效果的检讨和反馈可以看出，政府当局更多的是从政府管理制度内部的层面进行制度检讨，而社会调查组织则更关注制度对社会需求的回应。尽管两者在检讨的角度和结果上有较大的出入和差异，但不可否认的是，这两者的共同作用产生了问责制不断改进的持续性动力。② 没有一个制度可以自诩完美，在开始时更不能夸言无瑕，但香港的问责制度很快步入了正轨，并随着形势的发展日益改革。

7.2 改进模式：单项规则与制度体系

任何一种制度都不能单独存在，而必须与其他不同层次的制度相配合，形成一套行之有效的制度体系。但制度变迁的规模与内容，即制度变迁波及范围的大小，却是有选择性的，既可以单独对某一项制度进行集中改进，也可以对整个制度体系进行配套改良。因此，一般意义上的制度变迁③从内容和规模上看，可分为单项制度变迁和复合性的制度变迁。单项制度变迁是对指某一项制度或者某一项制度中的某些环节的制度变迁或者制度完善。④ 复合性制度的变迁是指对某一领域或者某一制度体系的较大规模的变革或创新，涉及变迁的数量一般大于一。在这个意义上，中国内地与香港的官员问责制再次做出了不同的选择。

---

① 关于新力量网络管治改革小组（www.synergynet.org.hk）所做的2003年至2005年“香港公众对于香港政府管治表现评价”的民意调查结果，可参见本书附录6。

② 但本地社会对政府管治表现的评价，与海外的评估似乎有强烈对比。世界银行的管治指标（1996～2002）显示香港在“民主表达和问责”方面逊于其他经济发达社会；至于其他方面如政治稳定性、政府管治效能、监控素质、法治及反贪情况，香港的评分与OECD国家的平均分相录，而与日本和台湾等经济发达的亚洲国家或地区相比，评分更较她们为高，当中只有新加坡在各方面的评分都较香港优胜（“民主表达和问责”一项除外）。（港）新力量网络管治改革小组（www.synergynet.org.hk）：《吸取教训，迈向管理新时代——香港管治制度及其成效的评估》，2005年9月。

③ 此处所指的一般意义上的制度变迁，是强调不包括整个社会范围内的制度变迁，即涉及一个国家或一个地区所有制度体系的宏观改革，如由资本主义制度取代封建制度等。

④ 邓大才：《论制度变迁的速率与选择》，《财经问题研究》2006年第4期。

7.2.1 制度体系的构成与分解

制度服务于其目标并不是靠其单独地得到遵守，而靠其形成相互支持的规则群。① 因此制度在广义上是一个有效规则组成的集合或体系，其包涵的内容从不同的角度可以有不同的划分。以官员问责制度体系为例，可从如下层面对其进行分解。

1. 以制度功能划分，包括对承担积极责任的规定和对承担消极责任的规定。

对承担积极责任的规定主要是指那些通过书面或成文法规定的政府官员“应该”和被提倡从事的活动和行为，使官员明晰行为的原则与规范，起到一定的预防和引导作用，通常涉及以下几个方面：政府官员的基本行为准则和价值理念；对政府官员日常行为和活动的要求；对官员财产和利益申报的规定；对官员利益冲突和行政支持的规定；对官员任职和离职的规定等。

对承担消极责任的规定，也称做惩罚性规定，主要是指明政府官员在违反了相关法律法规的情况下，要承担哪些否定性后果。包括政府官员在其职权范围内出现严重的政策失误或行政失范时所应受到的惩罚；官员在其下属部门或行政人员严重违反法律规定、并造成一定程度的社会危害和负面影响时所应受到的惩罚等。惩罚性规定通常包括对应性法则，即根据官员失范行为的性质和恶性程度，应分别采取哪些不同程度的问责方式。

2. 以责任内容划分，包括对行政问责（狭义上的）的规定、对政治问责的规定、对法律问责的规定和对道德问责的规定。

这是根据政府官员所应承担的责任内涵而对制度体系进行的划分。通常而言，一个完整的问责制度体系应该包括：官员在未履行行政责任的情况下接受的问责，如执行不力、行政效率低下、未认真履行管理职责等；官员在未履行政治责任的情况下接受的问责，如决策出现重大失误、未能兑现政治承诺或施政纲领、被立法机关不信任等；官员在未履行法律责任的情况下接受的问责，如违法犯罪等；此外，完整的问责制度体系也可包括对官员道德责任的引导性规定，即官员应该遵循的价值准则、应该具备的职业道德和公共精神等。

3. 以制度要素划分，包括对问责主体的规定、对问责客体的规定和对问

① 柯武刚，史漫飞：《制度经济学：社会秩序与公共政策》，韩朝华译：北京：商务印书馆，2003 年，第 162 页。

责程序与运行机制的规定。

问责制度体系首先要明确规定问责的主体范围，这其中包括三个层次：一是启动问责的主体规定，即对有权启动问责程序的主体进行范围和级别上的限定；二是推动问责的主体规定，包括对问责事项与信息提供的主体进行限定、对问责事项与信息进行调查核实的主体限定、对问责事项和结果进行讨论的主体限定，以及对作出问责决定的主体进行限定；三是追究责任的主体限定，即根据其不同性质、内容和程度的问责决定，应该分别由哪些主体进行责任追究和赔偿。其次，问责制度体系还应包括对问责客体的明确规定，即在不同的情况下，承担责任并对其进行责任追究的具体对象的范围、级别以及其他一些具体化规定。最后，问责制度体系最重要的子系统是有关问责程序的规定。通常而言，问责的程序包括提出及受理、调查审核、讨论决定和执行结果四个主要环节。因此，完整的问责制度体系，应该根据实际的制度基础与政治环境，详尽规定不同主体启动问责机制的具体程序和步骤。此外，有关官员问责的程序规定也应包括对问责不当的复议和救济，以及撤销不当制裁的程序等。

4. 以制度层次划分，包括核心的问责机制、配套的相关制度和作为依据的基础性法律体系。

这是最广义上的问责制度体系。首先，我们通常所说的官员问责制度，是对问责要素、责任内容、问责办法和问责程序等作出规范和限定的一系列规则，这是广义问责制度体系中的核心规则；其次，问责机制的有效推行还有赖于一系列配套制度的支持和辅助，如人事任免制度、权责划分机制、绩效考核机制和科学决策机制等。完整的问责制度体系构建理应涉及对上述配套制度的改进甚至重建；最后，同任何其他具体制度一样，问责制度体系必须以一系列基础性法规为依据，如宪法、公务员法、组织法、信息公开法、道德法典、赔偿法等，这些《基本法》规规定了任何相关领域的具体法律法规都必须遵守的原则和理念。

对改革模式的选择往往取决于制度安排者所面临的改革情境及其所要达到的目的。单项制度的改革是在整体制度比较稳定前提下的某一项制度的完善，其优势在于政府决策者对局势的把握能力和控制能力比较大，可以收放自如，而且不会造成大的社会压力和震荡，改革效果也比较迅速和明显；复合性制度改进的规模较大，改革涉及的对象比较多，决策者往往会面临更大的社会成本和改革风险。而且复合性的制度改革会较多的涉及制度之间的兼容和协调，因此需要较长时间的磨合和反馈调整，改革的效果也要经过一段较长的时期才会慢慢体现出来。但是越来越复杂的改革生态和社会问题却让人们无一例外地发现，以正式的制度安排和系统化的战略思路，来补充、支持和配合某一领域单项制度的改革，才能保证局部及整体改革的持续有效性。作为制度体系的问责制度通常会比单项的问责法规更为复杂但也更为有效，因为系统化的制度安排与问责规范融合在一起，势必能够加强问责的影响和力度，从而构建一个有利于问责制度循环发展、进行自我完善的改革路径。

7.2.2 内地：对行政责任追究机制的集中推进

中国内地官员问责制度构建的基本倾向性思路是对行政责任（狭义）追究机制的集中推进，对应前面对问责制度体系的解构，分别体现在以下几个方面。

1. 注重对消极责任的承担

以目前内地比较有影响的《重庆市政府部门行政首长问责暂行办法》、《深圳市人民政府部门行政首长问责暂行办法》和《海南省行政首长问责暂行规定》为例，其中前两者均在《办法》的第四条以几乎相同的辞句规定了行政首长应该承担的积极责任："市政府各部门行政首长应当严格履行法律、法规规定的职责和市人民政府依法赋予的各项职责①，认真完成市人民政府交办的各项工作，严格依法行政，自觉接受监督，全心全意为人民服务。"然后将大量的主要篇幅用于规定行政首长应当承担的诸如"效能低下，执行不力"、"违反规定进行决策，发生重大决策失误"、"政府部门不认真履行管理职责"等一系列消极责任，并详细列举了行政首长消极责任的承担和追究方式。而《海南省行政首长问责暂行规定》则未在规定正文中提及行政首长应承担的积极责任，直接进入对消极责任的内容与追究办法的规定。

2. 注重对行政责任（狭义）的追究

从目前内地官员问责制度的法规建设集中于对"行政首长"问责办法的探索可以看出，其最初预期是以行政责任（狭义）作为改革的切入点。而且根据前面的分析总结，目前内地对于行政官员的责任追究主要包括："效能低下，执行上级机关的决策和部署不力"、"责任意识淡薄，不认真履行管理职

① 《深圳市人民政府部门行政首长问责暂行办法》在此句的措辞为"严格履行法律、法规、规章和市政府依法赋予的各项职责"。

责”、“未做到依法行政或治政不严、监督不力”、“在商务活动中损害政府形象或造成重大经济损失”、“行政首长本人在公开场合言行不当”等可以看出，由于种种客观条件和制度基础的限制，内地问责制度关注的焦点在于行政首长行政责任（狭义）的追究。

尽管也有诸如“违反依法决策、科学决策和民主决策要求，发生重大决策失误”的规定，但由于内地尚缺乏科学完善的政府决策责任制度，决策主体权责不明确，造成决策权往往与决策责任分离，这使得政府官员政治责任的追究变得十分困难；此外，内地至今仍未出台正式的国家公务员道德法典，更很少有对违反道德责任进行追究和惩戒的相关规定，而过度依赖于官员的自我控制和约束，很难构成实现官员道德责任的长效机制；最后对于政府官员的法律责任承担，目前内地在行政责任与行政违法的对应关系方面还存在诸多纰漏，缺乏统一的法制框架和系统规范，既有的法律规定也多数不够健全。

3. 注重对问责客体的限定

目前看来，尽管内地官员问责制度的构建过程中存在着问责客体的局限与偏狭，即集中于行政首长或其他行政领导，但至少在这一类问责客体的范围限定上是比较清晰的。而有关问责主体与问责程序的规范限定，则比较缺乏具体的操作性，从而影响了整体问责的推行和效用。

在问责主体方面，尽管内地多数问责办法都规定了“人大代表、政协委员提出的问责建议”，“公民、法人或其他组织署名的附有相关证据材料的检举、控告材料”，以及“新闻媒体曝光的材料”都可以成为启动问责的资料来源，但是却无法为其获取政治信息、进而行使监督权提供有力的法制保障。目前，内地有关公众、新闻媒体和民主党派等进行政治参与和监督的法律法规不够健全。2006 年，十届全国人大常委会讨论通过了《监督法》，可谓在人大权力的细化和规范化方面迈出了可喜的一大步，当务之急是尽快出台《新闻媒体监督法》、《信息公开法》等，以保障异体问责的有效推行。

在问责程序方面，内地历来有重实体、轻程序的政治传统。尽管在多个地方的问责办法中都涵盖了启动问责、调查核实、讨论决定和责任追究等基本步骤，但严格来说这只是问责制度的环节规定而非程序规定，仍然未能摆脱过于概括和笼统的缺陷，对于其中的一些具体的权力运行和程序指标，依然没有做出明确的限定。

4. 注重核心问责机制的推进

内地问责制度的法规建设还有一个十分明显的倾向，就是突出对核心问责机制本身的构建和完善，主要涉及行政问责、行政首长问责、领导干部引咎辞职、有错与无为问责、机关工作效能问责，以及一些专门领域，如安全生产、交通、食品安全等部门的问责机制。而对于问责机制的配套制度完善和基础法规建设则相对滞后。

目前，只有《四川省信访条例》等少数地方法规通过引入问责制度，以法律形式规定了公众对政府官员进行责任监督的机制和渠道。此外，北京、浙江、吉林等地方政府向社会公开了其行政首长副职及助理的行政分工，但并未上升到法制层面。而对原有的横向和纵向权责划分机制、官员任免方式、决策责任机制和公众参与机制等配套制度，在内地问责法规建设进程中，并没有得到应有的加强和完善。

在基础性法规建设方面，尽管中央政府自2003年“SARS”危机以来相继出台了《中国共产党党内监督条例（试行）》、《中国共产党纪律处分条例》、《重大动物疫情应急条例》、《中华人民共和国公务员法》、《中华人民共和国义务教育法》、《国家突发公共事件总体应急预案》等，进一步完善了我国基础法规体系的构建，但这还远不能满足问责制改革的现实需要，尤其是国家层面的总体问责纲要的建设尚未起步，各地在对政府官员进行问责及建制过程中，依然缺乏统一的基本原则和制度框架。

中国内地官员问责制度的产生是缘于突发性公共危机的压力，其以单项的问责制度为切入点，以最快的反应和最简单快捷的程序，赢得了宝贵的改革时机。既实现了改革举措的立竿见影，使“SARS”危机迅速得到了有效的控制，而且没有增加新的社会动荡和改革成本。随着危机影响的消逝和社会秩序的恢复，目前内地学界及各级政府面临的重要任务是，通过广泛研究和论证，以各种方式推进相关的其他配套制度的不断健全和完善，进而逐步形成一个完整的问责制度体系。

7.2.3　香港：问责制度系统构建的有益尝试

相比之下，香港特区主要官员问责制度尝试性地选择了体系化的改革思路，即尽可能通过全面的统筹设计，充分考虑到相关的系列配套制度，直接以复合性制度形式出台。尽管这种尝试未必全面和完善，其改革的成效也有待进一步评估，但改革的统筹安排与系统化思维无疑是一种有益的努力和尝试。①

1. 《问责制主要官员守则》（以下简称《守则》）充分和明确强调了主要官员的全面责任。

《守则》从职责、官方机密与保密、参与政治活动、防止利益冲突以及交通安排等若干方面，详细规定了主要官员对《基本法》、对行政长官、对香港市民、对立法会和公务员队伍应当承担的责任，以及在行使权力过程中所享有的基本权利和应遵守的基本守则，为主要官员履行完整意义上的责任范畴提供了引导机制和统一的原则体系。

2. 问责制改变了主要官员的任免方式。

问责制度下，主要官员从公务员队伍中脱离出来，不再遵循公务员系统的管理规定，改为政治任命和任期制，这从根本上保证了官员问责，尤其是政治问责的有效推行。有关问责制主要官员的聘用条款，香港特别行政区政府曾委托专业机构进行研究和论证，并最终提出了一套适于问责制官员聘用的薪酬福利条款，包括以现金支付给问责官员的薪酬、享有的假期和医疗福利、政府提供的行政支持等。此外，主要官员在接受聘任之前还必须接受不同程度的操守审查（品格审查）及体格检查。这项审查参照目前适用于公务员队伍中的高级职位，或对任职者的诚信和操守要求特别高的职位的深入审查。其中最主要的是操守审查，这可以让聘任当局确定准受聘人员或现职人员是否品格良好、守正不阿，适宜担当有关职位的职务。

问责制官员的辞职程序也有了明确的规定：如行政长官原则上接纳某名主要官员的辞职，然后会根据《基本法》的规定，向中央政府建议免除该名主要官员的职务。在中央政府同意免职建议后，香港特区政府便会正式接纳该名主要官员的辞职，并根据聘用合约的条款终止对他的聘用；如果不属于主动辞职的情况，则特区政府在终止聘用后应给予被免职主要官员一笔相当于一个月薪金的款项代替通知，或经香港特区政府与有关主要官员双方同意解除聘用合约。

3. 问责制官员必须申报个人利益。

由于主要官员可能接触到高度敏感数据（包括商业敏感资料），所以问责

① 本部分主要依据香港特别行政区政府《问责制主要官员守则》整理而成。同时，本书在附录2提供了《问责制主要官员守则》的全文，以供读者参考。

制主要官员须申报以下个人利益：（1）在香港及以外地区的任何投资、股票，以及其他直接或间接拥有的权益；（2）涉及港币200，000元以上的投资交易；（3）主要官员或配偶因其主要官员身分收受的任何礼物、实利、款项、赞助或实惠。此外，主要官员在任期内不准从事与官职可能有冲突的服务或工作，否则行政长官可要求主要官员采取以下措施：（1）放弃所有或部分投资/权益；（2）避免再购入有关投资/权益或予以出售；（3）在指定时间内冻结任何投资交易；（4）把投资交由他人全权托管；（5）避免处理存在或可能有利益冲突的个案；（6）根据行政长官指示采取其它行动。

4. 离任主要官员的活动受到限制。

《守则》和其他一系列相关的法律法规，对离任的主要官员也作出了明确的限制，限制的范围除离任后从事的工作外，亦包括离任后从事的政治活动，以免出现利益冲突的情况。为了维持公众对主要官员的信任，离任的主要官员若在离职后一年内受聘于任何工作或投身任何业务，必须事先征求行政长官所委任的专责委员会的意见。在提出意见时，委员会会考虑下列因素：（1）拟受聘的工作或投身的业务的性质；（2）主要官员在政府内所承担职责的性质和范围与拟受聘的工作或投身的业务之间的相互关系；（3）主要官员合理利用其技术才能和经验的权利是否会受到不合理的限制。同时，委员会的意见必须公开。

7.3 性质定位：行政改革与政制改革

问责制度的构建模式从性质上可以区分为行政领域的改革和政制层面的改革。虽然任何制度变迁的内容和性质都不可能是绝对单一的，但改革的关注点与核心通常是明确的。相比之下，中国内地的官员问责制度属于行政管理领域的改革（主要涉及权力如何运用），而香港的主要官员问责制度则属于政制层面的改革（主要涉及权力内容和关系的改变）。

7.3.1 内地：行政改革层面的问责制度

在政府自身改革的序列中，行政管理层面改革的性质特征决定了其往往占据优位。内地的问责制度属于行政改革的范畴，但其现实意义却突破了行政管理领域，对我国内地的政治发展产生了十分深远的体制外的增量价值。

1. 政府改革序列中的行政改革

从广义而言，政府自身的改革主要包括行政改革和政制改革两个基本方面，其中政制改革在政府改革层次中占据高位，而行政改革则在政府改革序列中占据优位：首先在普遍意义上，政制改革的复杂性和风险性远远超过行政改革，因此对于大多数发展中国家和地区的政府改革而言，首先着手行政改革是更为明智和理性的选择；其次，在大多数发展中国家的改革情境中，能否推动经济发展并适应经济体制改革的需要，仍是改革者安排改革序列的首要动机，因此行政改革的优先地位就缘于，相对于政制改革而言，它是政府自身改革中“最能促进经济发展和经济体制改革，同时又不危及政治稳定和政治领导权的改革”①。

从另一个角度来分析，几乎所有的政府行为都可以看做是一个政策过程，即政府部门根据特定的环境，针对特定的问题，按照法定的规则和程序，选择、制定政策，并付诸实施。在这个过程中，政策制定与政策执行共同决定了政府行为与政策的成败，因此政府改革必须依赖于上述两个层面的优化和改良。其中，优化决策质量（更多涉及政制层面的改革）必然以改善政策执行（更多属于行政管理改革范畴）为前提和基础。这是因为，即使是最优或最满意的决策方案，也必须通过有效的执行，才能保证其政策目标的实现，否则再好的政策也只是一纸空文。正如美国政策科学家爱德华兹（George C. Edwards Ⅲ）所言：“政策之所以无法符合政策制定者的期望，在很大程度上取决于政策执行人员对所执行的政策存在着误解。”② 而且环境的变动性和变量的复杂性又往往使政策执行显得难以把握，造成了“有令不行，有禁不止”、“上有政策，下有对策”、“政策走样”、“土政策”等大量政策阻滞现象，进而导致良好的政策初衷和目标不能得以有效地实现甚至完全落空。

有效的政策执行日益成为改善政策效果的前提条件。这种逻辑关系体现在改革序列安排上就意味着，政策执行（行政管理人员/文官队伍）的高度成熟和规范，是进行更深层次的优化政治决策（对高层决策集团进行改革）的前提和保障。换言之，政府必须首先保证政策执行在大多数情况下的准确性和有

① 何增科：《渐进政治改革与民主的转型》（下），《北京行政学院学报》2004 年第 4 期。

② George C. Edwards Ⅲ, Ira Sharkanskey, *The Policy Predicament: Making & Implementing Public Policy* , San Francisco: W. H. Freeman and Company, 1978. 294.

效性，在此基础上要求主要官员承担更多的政治责任才是合乎理性的。在这一点上，香港政府自身改革形成的序列可以提供恰当的证据，即高度成熟和规范的公务员队伍的形成，为其政制改革提供了充足的稳定性保障。① 即便如此，由于对一些与公务员队伍相关的问题处理不当，香港在推行问责制过程中也遭遇了由于政策制定与政策执行发生错位而导致的政策失败：在问责制下，名义上各政策局由问责局长领导，但政策局的公务员均由常任秘书长直接管辖，问责局长既不能解雇常任秘书长，也不能减其薪水，甚至连将其调走也非常困难。对部门内公务员的升迁，问责局长也没有发言权。② 这常常导致的局面是，政策局局长无法保证其政策和纲领在实际中的有效执行，却要为此承担起全部责任，出现了权责不对等，即“有责无权”的局面。

2. 问责制度与行政管理体制改革

温家宝总理在2008年《政府工作报告》中强调，要形成权责一致、分工合理、决策科学、执行顺畅、监督有力的行政管理体制。通常而言，良性的行政管理体制是指适应市场经济要求的，行使公共权力、管理公共事务、提供公共产品与公共服务、满足社会公共需求的政府管理制度与组织体系。通常包括公共管理职能、公共权力运行、公共组织体系、公共财政体制、公共治理结构和公共绩效管理等若干基本内容。③ 其中涉及政府对自身机构及人员管理的基本内容主要指公共权力如何行使、公共财政如何配置以及绩效管理如何实现等。从我国内地官员问责制度基本框架的解构分析过程中可以看出，尽管在问责主体与客体的规定上，内地问责制度已经尝试性地涉及了政治问责的某些理念甚至元素，但是从运行机制中的核心要素看来，仍属于行政管理体制框架内的改革范畴。

首先，在问责事由上。根据内地各地方问责制度的有关规定，可能引发问责的事项主要包括效能低下、执行不力、不履行管理职责、重大决策失误、未做到依法行政、监督不力等。可见，除“重大决策失误”之外，上述事项在

---

① 香港学者郑宇硕将港英公务员制度称为“一种特别的、经过时间考验，非民主但有效率，只有半封闭参与但却对民意极度敏感，政制上明显有缺陷但未遭人唾弃的制度”。参见郑宇硕：《香港政制及政治》，香港：香港天地图书有限公司，1987年，第89页。

② 薛群：《问责制政府的政治要求》，《广角镜》（港）2003年第9期。

③ 唐铁汉、李军鹏：《加快行政管理体制改革的战略思考》，《国家行政学院学报》2007年第6期。

范畴上绝大部分属于行政管理体制框架，即问责制度要求行政官员（主要是行政首长）在运用手中的公共权力时，必须做到合理、合法和高效。

其次，在问责方式上。除官员违法犯罪之外，内地绝大多数问责制法规将官员承担责任的方式局限于行政处分一类的规定，如“取消当年评优、评先资格”或“扣发奖金”；“诫勉谈话/告诫”；“责令限期整改”；“责令作出（书面）检查”；“通报批评”；“调整工作岗位或建议调整工作岗位”；“停职反省”等。即使诸如“公开道歉”、“责令辞职”、“建议免职”和“劝其引咎辞职”等要求官员承担一定意义上的政治责任与道德责任的问责方式，也因为多数限定了问责程序启动者只能是上一级行政首长或行政机关，而使这些问责方式蒙上了明显的“行政色彩”。

最后，在问责程序上。根据内地大部分问责办法，问责启动主体限定在行政系统内部，法定的调查组织也多数是政府的监察机关；法定的责任解释、评估和判断等参与主体多数被规定为政府部门的常务委员会等；法定的责任追究主体除司法机关之外，大多数问责办法限定为政府监察机关和党的纪检机关。可见，目前由内地的问责办法所形成的问责程序，主要是在行政系统内部进行。而对领导干部具有法定任免权限的立法机关，只有在被问责官员需要辞职的情况下，才依程序处理被问责官员的辞职申请，其在启动问责程序、组织调查、责任解释与评判以及责任追究等诸多层面的缺位或者被忽视，意味着公共权力在公共部门内部的分配关系并未发生改变。因此内地的问责制度理应纳入行政管理的改革层面。

3. 问责制改革与增量政治发展

增量改革的理念最初缘于我国经济改革模式的成功。这种改革模式有三个基本要点：增量改革本质上是渐进改革；增量改革不直接触动，而是维持和修补现有体制；增量改革是在“体制外”大力培养新的因素和力量，进而使“体制内”发生渐进的变化。① 增量政治改革有四层基本的要义：首先，正在或者将要进行的政治改革和民主建设必须有足够的“存量”；其次，这种改革和民主建设，必须在原有的基础上有新的突破，形成新的增长，是对“存量”的增加；其三，这种改革和发展在过程上是渐进的和缓慢的，它是一种突破但非突变；其四，增量民主的实质，是在不损害人民群众原有政治利益的前提

① 贾宝林：《“增量政治改革”思想的利弊分析与完善》，《安阳工学院学报》2005年第5期。

下，最大限度地增加政治利益。[①] 增量政治改革最突出的优点表现为，这种改革思路一方面适应了当前中国的经济发展需要，有利于减少经济损失，保持经济增长；另一方面又易于获得公众支持，减少改革阻力，降低政治风险，防止社会动荡。从广义上来说，政治发展必然涵盖了行政改革，行政管理体制的规范与改良也理应成为推动政治发展的体制外力量。

从这个意义上讲，我国内地的问责制度在改革层面上属于行政管理体制框架内，是在公共行政层面强化责任的约束和追究，这种有限范围内的改良势必面临较小的改革阻力和风险，不会威胁政治稳定与政治利益；另一方面，问责制度承载的责任理念和发展预期是对中国内地现实政治文化的有益补充和修正，这无疑会增加改革存量，并在我国政制改革的渐进化道路上发挥深远的增益价值。

7.3.2 香港：政制改革层面的问责制度

相比之下，香港特区主要官员问责制度是香港特区政府面对复杂的时代发展背景，在有限的政治框架内选择的一种政治制度层面的尝试性改革，其本质是在政府主要官员系统内形成一种政治任命制度。[②] 自从香港回归后，香港各界有关尽快实现普选的呼声就从未停止，政制改革的趋势日渐突显。正是在这种大背景下，香港特区政府推出了主要官员问责制度的改革举措。具体而言，主要官员问责制度的政治取向体现在：

1. 形成了新的权责关系

问责制改革不仅带来公共行政的新架构，更重要的是标志着香港政治过渡的深入，导致政治层面权力关系的变更[③]。这首先表现在实施问责制加强了行政与立法机关之间的合作。问责制主要官员上任后，须尽快向立法会议员介绍其政策目的和有关措施。在重要政策方面，主要官员更要第一时间向立法会作公布，并积极主动与立法会议员沟通，以期加强合作。这在理论上形成了改善行政与立法关系的可能性。

其次，问责制度在政府内部开设小量专注于政治事务的新职位，开创了香

---

① 俞可平：《增量民主与善治》，北京：社会科学文献出版社，2003 年，第 156～157 页。

② 主要官员问责制度在香港还有一个不经常被使用的称谓，即政治委任制度。

③ 政治任命带有随时可以以特定理由将接受任命者免职的意思。主要官员的产生方式，决定了问责制度在本质上是一种政治改革。

港特区政府两层架构——政治官员与公务员队伍——的新制度：政府架构上层有政治任命的主要官员，同时各局设有一支以常任秘书长为首的常任、专业、廉洁及政治中立的公务员队伍，协助政治任命的主要官员。两个阶层各有其独特的角色和职责：领导层的主要官员肩负政治责任；而公务员队伍则集中协助主要官员制定和落实政策，向市民提供服务。问责制度在特首和高级官员、行政会议和高级官员、高级官员与各局公务员之间建立起简单的互动关系①，在结构上消除了存在于行政长官与整个政府之间的隔膜；同时把权力下放给司长及问责局长，使他们有充分的权力制订、统筹和执行政策，并直接面向民众，更好地听取民众声音。

第三，问责制的推行加强了行政主导和政策团队合作，使香港特区政府的政策拟定与推行更加协调。以行政长官及所有问责制官员为核心的行政会议，它的运作类似一个“内阁”形式，使行政会议真正成为最终的决策机构。在行政会议的讨论中，主要官员身为政府领导高层的一份子，可就整体政策的制定和执行提出有建设性的意见。主要官员对政府整体的政策目的和方针有更全面透彻的认识，从而更能厘定政策和资源分配的缓急次序，使政府推行政策时目标更明确，方向更一致，更加有效率，更加符合行政主导的原则。②

2. 引入了新的政治文化

首先，主要官员问责制度要求主要官员为自己的政策理念和结果负责，这种对政治责任的强调指向了公共权力与责任内容的转变。主要官员问责制度实行后，由于主要官员必须对所负责领域范围内的决策和施政承担全部责任，因此，他们必须像政治活动家一样，加强同民众及传媒的沟通，对时局和主管事务作出敏锐反应，并在民意基础上制定决策，更多地考虑公众舆论、响应民意和承担责任，同时使出浑身解数树立良好的公共形象，创造良好舆论气氛以利于其政策落实。例如，在主要官员委任名单公布翌日，时任民政事务局局长何志平就发起了争取民意的第一击：“软销‘个人形象’”，向记者送出一张辑录了他个人成长珍贵相片的光碟。其他的司局长也不甘人后，时任律政司司长梁爱诗、政制事务局局长林瑞麟、环境运输及工务局局长廖秀冬等人都公开了

① 即由过去港督不直接领导行政部门（某项政策通过司长下达到局长，再由局长下达到署长），改为特区行政长官直接领导行政部门，问责官员制定政策，直接下达到负责的各局、署执行。

② 汪永成：《香港“高官问责制”审视》，《暨南学报》（人文科学与社会科学版）2004 年第 5 期。

“私人相册”。官员们的这一举动获得了民众的普遍欢迎，亦拉近了官员与市民之间的距离，有利于此后双方进一步的沟通。① 正是在这个意义上，主要官员问责制度被认为是香港政制发展的一个重要里程碑。它以政治责任为链条，以民意为基础，以政绩为目标，必将有效的提高香港特区政府的管治能力。②

其次，问责制度的推行为香港特区政府的主要官员注入了新的施政理念。主要官员新班子在履新后不久便制定政策措施，并在六个月内发表施政纲领，订立未来十八个月的工作优次，以配合本届立法会的会期。施政纲领务必以简明的理念，罗列新领导班子统筹各项工作的思维，以及政府与全体市民共同努力的方向。这在根本上实现了主要官员施政思维与方式的转变，使其逐渐具备政治决策者和活动家的基本素质。

第三，香港特区主要官员问责制度打破了港英政府留下来的公务员逐级晋升的封闭传统和升迁论资排辈的僵化机制。特区成立之初，为了稳定过渡，公务员系统原封不动地全单照收，虽然行政长官可以对公务员进行调职，但却无法大规模在公务员系统之外招揽治港人才。问责制将主要官员改为政治委任制，引入唯才是用的现代管理理念，向社会精英开放特别行政区政府的最高级职务③，呼唤新一代社会精英投身政府、建设香港，并为此提供了制度化的渠道。这说明新体制在吸纳人才这一环节上打破了原来必须在公务员体制内选拔的规则，体现出更为开放的特点。

3. 推进政党政治的发展

与主要官员问责制度相配合的是另一项新的重要制度安排，是由立法会中两大支持政府的政党——自由党和民建联的党魁出任行政会议非官方成员，以确保政府的政策提案得以在立法会通过。这为香港特区政党政治的发展开启了

① 陈瑞莲、邹勇兵：《香港高官问责制：成效、问题与对策》，《中国行政管理》2003 年第 11 期。

② 王晓波等：《高官问责制及其对香港政治及行政体制发展的影响》，《中国行政管理》2002 年第 7 期。

③ 在香港特别行政区第一届政府中，时任特首董建华虽先后吸纳了律师出身的梁爱诗出任律政司司长、医生出身的杨永强出任卫生福利局局长、银行家出身的梁锦松出任财政司司长，但仍属于个案而非制度性安排。从这个意义上，问责制也是力求改变第一届政府完全保留港英政府班底而出现的跟主权回归和经济转型不相适应的状态。

方便之门：在行政主导的前提下，探索建立起政府与政党相对稳定的合作。①

如前所述，政党政治的成熟对于政治发展的积极效应毋庸置疑。主要官员问责制度的实施对于香港政党政治发展的推动作用固然有限，但其本身所具有的发展价值却非常深远，即问责制度的推行激活了香港政治社会化的进程，在观念和制度安排的双重意义上启动了香港政党政治发展的新阶段。

主要官员问责制实质上是一种集中领导、分工负责的制度，是对原来英国统治下行政主导型政制模式的批判和继承。这一体制的变革涉及特区政府体制内的各个关键部分，包括特首与主要官员之间的相互关系、行政与立法的关系、行政会议的重组和地位、公务员系统的相应变革等问题。因此，它的实施不仅有利于改变原英国统治下的殖民管治方式，塑造一支精干有效而又负责任的优秀管治团队，提高政府管治能力，而且有利于加强在政府高层架构中的问责文化建设，使政府更加贴近民意，做到“民情在心，民意在握”。因此可以说，主要官员问责制度是“董特首任内第一个关于政治制度改革、具有创新意味的举动”②。从时间上看，该制度的出台并非偶然。它正处于时任特首董建华第一届任期的最后阶段，而过去五年董建华已经基本完成了“回归后新政府与旧体制转换所需要的调整适应的过程”。③

与内地相比，香港特区主要官员问责制度中，主要官员所承担的责任似乎显得比较泛化和模糊，但事实上，表面上权力行使的自由却意味着官员需要为自己的施政行为承担更加广泛的政治责任。当然，这种区别是由政治生态及制度基础的差异决定，但却不可避免地造成了不同的制度效应。

---

① 但值得注意的是，在香港特别行政区政府所发表的新闻公报中，关于行政会议非官方成员田北俊和曾钰成的简介，均未提及他们的政党背景（身份），暗示二位加入行政会议不代表香港政党政治开始踏入政党参政的新突破。

② 香港留下董式烙印，http：// finance. sina. com. cn/ leadership/ crz/ 20050321/ 17111446906. shtml，2005年3月21日。

③ 董建华：《1999年施政报告》，http：// www. policyaddress. gov. hk/ pa99/ chinese/ speechc. htm，1999年10月6日。

第 8 章

结束语：比较之下的反思与借鉴

比较的最终目的在于更加深刻地认识问题并预测未知。对中国内地与香港特别行政区政府官员问责制度进行比较研究，彰显了政治发展与行政改革的复杂性。在某种意义上，两地问责制度的改革思路并无优劣之分，只是体现了政治发展阶段和改革序列的不同，以及在各自制度基础之上的理性选择。反思这些相似与差异，并进行相互借鉴，亦是两地在制度构建与政治发展过程中必须提出和思考的重要问题。

8.1 稳定是一切改革的保障

进入 21 世纪以来，政治发展与政治稳定日益成为一对密不可分的议题。没有任何一个国家和地区可以选择绝对偏向于任何一者的改革道路。比较研究表明，传统社会和现代社会出现不稳定的几率较小，而由传统向现代转变的现代化过程往往是一个相对不稳定的时期。① 这是因为，不稳定的源头并非缺少现代性，而是获取现代性的预期和企图。对这个现象的一种权威性解释来自亨廷顿（Samuel P. Huntington）：“现代性产生稳定，但现代化却会引起不稳定。”② 由于现代化（如政治社会化、新闻自由化、个性的倡导、教育普及等）给传统社会带来了新的生活方式，并提高了人们的预期渴望和需求标准，而传统社会的过渡进程及其满足这种新预期、新需求的能力，通常远远落后于社会需求的增长速度。这种差距造成了社会的不满和指责，进而构成政治和社

① 燕继荣：《发展政治学：政治发展研究的概念与理论》，北京：北京大学出版社，2006 年，第 238 页。

② 塞缪尔·亨廷顿：《变革社会中的政治秩序》，王冠华、刘为译．上海：上海人民出版社，2008 年，第 41 页。

会不稳定的根源。

政治稳定与政治发展是辩证统一的关系。政治发展是在稳定中的发展，政治稳定并不意味着没有政治变革，而是指政治变革持续、渐进的制度化。这种辩证关系的把握有赖于改革者运用精准的技术和手段推进改革过程的同时，保证政治系统的秩序和稳定。可见，政治稳定是一个内涵极为丰富的范畴，它表示的是政治系统在运行中所呈现的秩序性和持续性，是一个动态的过程。如果说政治制度化提供了稳定的平衡机制，那么政治系统内部不断出现的管理问题以及社会系统中不断扩大的政治参与要求，又构成了打破这种稳定的解构机制。因此可以说，现代民主政治进程中的政府改革，关键就在于通过战略和举措的恰当选择，探索、控制并最终实现这种动态化的平衡。

当前，我国内地与香港特别行政区面临着相似的转型背景，是经济、政治、社会、文化结构分化重组、递升跃迁的历史运动，是整个社会由僵滞走向变革、由封闭走向开放、由落后走向文明的现代化过程。① 虽然两地问责制度的内容构架和运行机制存在诸多本质上的差别，但从宏观角度而言，中国内地和香港特区的问责制度同是作为改革矛盾或社会问题的应对性措施而发生的，所面对的使命也是共同的，即要在保持政治稳定和社会秩序的前提下，解决政治改革与发展的平衡问题。

尽管香港经济一直处于世界发达地区之列，其公务员的廉政高效亦为世界各国称道，但“九七”之前的殖民地身份，导致其政治民主化进程几乎遭遇停滞和静止。香港回归之后，对于中央政府和香港特别行政区而言，最主要的任务就是在保证社会稳定的条件下，加快香港特区政治发展的步伐。进一步而言，在香港，随着本体意识的迅速转变，香港市民逐渐摆脱了回归初期的迷惘和观望态度，开始积极地关注并希望参与到本港的政治过程与发展决策中来。在这种背景下，政治集团通过制度化变革，尽力疏通和缓解政治系统与社会参与之间的矛盾，市民政治参与的增长就不会引起政治的不安定。

但正如香港经济的繁荣是日积月累的发展结果一样，香港从殖民地到民主社会的政治发展也不可能一蹴而就，理应本着稳定的态度循序渐进。《基本法》作出香港政治体制行政主导和改革循序渐进的限制和规定，是从香港的实际情况出发的。如果在民主意识刚开始萌芽、政制秩序尚不稳定的香港搬用

---

① 王永进、邬泽天：《我国当前社会转型的主要特征》，《社会科学家》2004 年第 6 期。

责任内阁制等国家的做法，其结果很可能是内阁的频繁变更以及由此导致的政治动荡。“香港特别行政区是我国的一个享有高度自治权的地方行政区域，不是一个国家，所以不宜采取类似一个国家的责任内阁制的制度，也不宜采取投不信任票的办法。这样的制度容易造成香港特别行政区局势的动荡，不利于香港居民的生活和经济发展，香港特别行政区这样小的地方经受不起这样的动荡。”① 因此，中央政府从一开始就十分强调和重视保持后过渡期，即由 1997 年到 2007 年这十年的政治稳定性与政府施政的延续性。同时，特区政府也认同了这一改革思路，第一任特首董建华并没有上任伊始就大刀阔斧地进行一番改革，而是进入第二届任期后才尝试性地触动政制改革。究其原因，主要是考虑政治稳定因素：香港社会的承受能力有限，改革策略的选择自然要分外小心。

正如亨廷顿（Samuel P. Huntington）所言，对发展中国家来说，首要的问题不是自由，而是建立合法的公共秩序。② 对于政治过程而言，也许可以无自由而有秩序，但绝不能有自由而无秩序。政制改革说易行难，处理欠佳，势必导致施政的稳定性与政策的执行性出现混乱。剖析中国内地和香港问责制度的发生、发展历程，最深刻的反思莫过于政治稳定对于政治发展的决定性价值。

8.2 改革战略与切入点的选择

改革是一项复杂的社会问题，实际涉及的是如何选择较佳战略的问题。政治稳定对政治发展的双重作用，催生了在发展中国家，尤其是民主政治欠发达国家和地区的渐进式改革思路。社会形势的变化及不稳定性，使得改革者很难对改革设计和运行掌握得十全十美。渐进式改革最主要的特征在于手段和途径的策略性，它强调选择那些阻力较小的改革路径，先从微观改革、局部试验、体制外增量改革开始，逐步过渡到宏观改革、全面推广和体制内存量改革。其优点在于将大震化为小震，减少改革的摩擦成本和社会的震荡

① 肖蔚云：《论香港基本法》，北京：北京大学出版社，2003 年，第 41 页。

② 塞缪尔·亨廷顿：《变革社会中的政治秩序》，王冠华、刘为译．上海：上海人民出版社，2008 年，第 66 页。

风险。

具体而言，渐进改革的思路是从历史和现实出发的稳妥策略，韩国学者朴贞子和金炯烈认为，其明显优势体现为：（1）有错能改，是实验性的、小范围的和区域性的，好的可以推广，不好的再试验，直至产生一套较好的制度安排为止，不是一劳永逸的解决方式，而是一种动态性和开放的解决模式；（2）容易实施，给民众以希望，容易获得百姓对其基本价值和信念的支持，符合民众求稳的心理状态，不会给社会带来混乱和冲击；（3）适合比较强有力的政府推进市场体制改革，同时缓慢地推进政治民主化和政治体制改革。因为改革者并不需要作大规模的跳跃式迈进，只需在原有领导人既定的政策下推进改革，其改革步伐是很小范围的，逐步迈进的，不会破坏政治体系的稳定；（4）通过一连串快速的小步伐变迁逐步达成明显的政治变迁效果，而且这是“现实中可以实现的最快的变迁方法”。①

这种改革的指导思想是“摸着石头过河”，是一个不断的试错和经验积累、循序渐进、逐步展开的过程。大多数改革措施是对（往往是迫在眉睫的）危机作出的应急性反应，而且秉着先易后难、先微观后宏观的思路，旨在不断取得突破性的小规模进展。由于政府在国家与社会关系中占据主导地位，并作为“理性经济人”在各种可行方案中选择对自己最有利②的改革方案，因而能够不断克服各种危机，同时实现“成功的变革”和“成功的保守”③，进而比激进政治改革更容易实现政治改革和政治稳定的有机统一。在改革的目的方面，渐进改革并非不想推动民主化改革，而是强调一种实现理想目标的最稳妥的方法论，即在朝向民主化改革的过程中分阶段、分步骤、温和地进行，其最终指向仍然是实现体制和制度的全面创新。

渐进式发展是中国政治改革的优选之路：长期的稳定与快速的经济发展，政局相对平稳，民众生活水平逐步改善。可以说，中国的渐进式改革强调的是一种脚踏实地的、以适合本国国情的速度，解决本国庞大而复杂的改革问题，

① 朴贞子、金炯烈：《政策形成论》，济南：山东人民出版社，2005 年，第 141～142 页。

② 莱恩（Jan-Erik Lane）认为，对于更高层次的决策层来说，这种“有利”体现在渐进变革的总体效果，即长期稳定的决策过程，能抵偿大部分正面与负面效果，而非渐进变革的效果往往会被总体膨胀与缩减的自然过程所抵消，其除了会带来象征性符号和掌权者人选的改变外，不会给现实的经济和政治发展带来任何改革，因此激进改革解决问题的模式在复杂社会是行不通的。参见 Jan-Erik Lane，*The Public Sector*：*Concepts*，*Models and Approaches*，London：Sage Publications of London，2000. 71.

③ 康晓光：《中国特殊论——对中国大陆 25 年改革经验的反思》，《战略与管理》2003 年第 4 期。

走一种中国特色的发展道路。而这种改革思路理应同样适用于香港的政治发展。毕竟民主政治的追求同经济发展的历程一样不可能一蹴而就，香港摆脱殖民地身份后，维护政治系统与社会秩序的稳定性，应成为香港政府的首要使命。

进一步而言，政治问责体系的构建无疑也是一个长期的、渐进的过程，关键取决于改革战略与切入点的选择。“我们所能使用的最好的办法，就是确定在问责制建设中所要解决的关键问题……并对所有的问责主体的观点进行分析，在所有的观点中选择争论最少、阻力最小的问题作为切入点。”① 具体而言，选择改革切入点应基于两点考虑，一是对改革政治可行性的分析。“一个政策方案或项目必须具有政治上的可行性或政治生命力。如果一项政策方案或项目得不到立法者、政府官员、政治利益团体以及民众的支持，那么它就很少有被采纳的机会；即使被采纳了，执行成功的机会也很小。这就使得政治可行性成为一个重要的评估标准。”② 二是对比较强大的改革阻力的规避。“以达成共识为基础的战略绝不是唯一的路径选择，有的时候那些阻力相对较小的问题可能更容易取得突破，因为这些问题并没有触及诸如腐败、低效率和缺乏责任等深层次的问题。”③

有关改革战略的分析，可以解释中国内地与香港特别行政区官员问责制度之间存在的本质上的区别。尽管两地在官员问责制度改革进程中都充分考虑和遵循了渐进改革的总体思路，但却在改革切入点上出现了根本上的差异：中国内地强化了一直以来的渐进式改革思路，以行政管理体制层面作为问责制度初始构建的切入点；而香港则在复杂的政治环境和历史时期中，构建起一种独特的政制层面的问责制度框架。④

---

① World Bank Experts Group, *Social Accountability in the Public Sector: a Conceptual Discussion and Learning Module* , New York: The International Bank for Reconstruction and Development & The World Bank, 2005. 58.

② 陈振明：《公共政策学——政策分析的理论、方法和技术》，北京：中国人民大学出版社，2004 年，第 209 页。

③ World Bank Experts Group, *Social Accountability in the Public Sector: a Conceptual Discussion and Learning Module* , New York: The International Bank for Reconstruction and Development & The World Bank, 2005. 59.

④ 关于这个问题，本书在 7.3 曾作了详细论述，并将这种选择的差异性归因于两地处于政治发展中不同的改革序列。

进一步而言，从改革战略的角度出发，首先要保证具备或形成一个成熟有效的执行系统，在此基础之上，政制改革的预期才具有可行性。阿勃贝奇（J. D. Aberbach）等人曾对文职官僚和政治家的作用及彼此之间的关系进行了详尽的跨国考察，他们提供的证据表明，文官和政治家这两个集团扮演着截然不同的角色："政治家为政治体系提供动力，文职官僚则提供稳定和均衡。"①香港特区已经拥有了一支成熟发达的公务员队伍，这为其政制改革提供了稳定持续的保障，因此复杂的改革背景催生了香港特区主要官员问责制度这个夹杂着若干尝试和妥协成份的政制改革举措；对于中国内地而言，大多数有着良好初衷、但结果差强人意甚至失效失败的改革政策，很大程度上都缘于政策执行和沟通过程的阻滞和歪曲。因此可以说，基于其制度资源与现状，中国内地选择以（狭义的）行政责任做为官员问责制度初期构建的切入点，同样是一种理性的和可行的选择。

8.3 体系化的制度设计与改进

任何一种制度都不能单独存在，而必须与其他不同层次的制度相配合，形成一套行之有效的制度体系。世界各国的行政发展与改革实践证明，尽管政府责任一直难以完全实现的主要原因是缺乏一套完备的问责制度，但日益复杂的改革环境使人们越来越清楚地认识到，仅凭这项制度的改进并无法真正实现改革的预期。其深层原因就在于，制度在广义上是一个有效规则组成的集合或体系，在现实中，任何制度服务于其目标都不是靠其单独地得到遵守，而是其形成相互支持的规则群。但改革的规模，即改革波及制度的数量和范围的大小是可以选择的，这种选择取决于制度安排者所面临的改革情境及其所要达到的目的。可以对某一单项制度进行改良，抑或对系统内相关的一部分或所有制度进行整体变革。②

换言之，问责制度的构建并非是在真空中进行的，尽管改革的系统化与一个地区的制度基础及改革现实密不可分，但暂时的无法付诸实施，并不影响一

① J. D. Aberbach, R. D. Putnam, *Bureaucrats and Politicians in Western Democracies*, Cambridge: Harvard University Press, 1981. 242.

② 关于制度变迁规模的两种思路，本书在7.2.1已经就其各自的优势与缺陷进了详细论述。

种理念本身对改革的价值。做为制度体系的问责制度通常会比单项的问责规定更为有效。虽然政治过程和政府改革越来越强调专业分工与专门化的法规建设，但是越来越复杂的改革生态和社会问题却让人们无一例外地发现，以正式的制度安排和系统化的战略思路，来补充、支持和配合某一领域单项制度的改革，往往能保证局部及整体的改革有效性。同理，系统化的制度安排与问责规范融合在一起，理论上有利于加强问责的影响和力度，从而有助于构建一个推进问责制度循环发展、进行自我完善的改革轨迹。在这个意义上，两地问责制度的构建再次做出了不同的选择。

中国内地一直以来的渐进式改革思路，为其提供了持续稳定的改革环境、日益增长的改革信心以及一连串小步伐的改革进步。但与此同时，渐进政治改革要求政治转型有一个相对较长的过渡阶段，在这个过渡时期里，新旧政治体制的双轨并存与此消彼长成为一种正常的政治生态。而且由于改革缺乏科学严谨的总体规划，改革措施之间衔接配套不够，往往导致新旧体制和新体制各个部分之间的摩擦成本比较大。① 相比之下，香港特区主要官员问责制度尝试性地选择了体系化的改革思路，即尽可能地通过全面的统筹设计，充分考虑到相关的系列配套制度，直接以复合性制度形式出台。尽管这种尝试未必足够全面和完善，其改革的成效也有待进一步评估，但改革的统筹安排与系统化思维，对任何制度的发展无疑都是一种有益的努力和尝试。

问责制度的创设之于政治发展最大的价值就在于，它触动了政治权力最敏感也是最深刻的制约因素之一——责任。无论是公众、学者，还是改革家、政治家，都希望以此为契机，实现我国政治发展的一个关键性的转折。毕竟，这次改革风暴的猛烈程度与深入程度几乎超过了以往历次改革。随着我国民主政治的逐步创设与构建，人们逐渐找到了可以实现某种程度上的政治发展的可行路径。尽管在发展过程中总是伴随着改革的阵痛，尽管人们总是发现，每实现民主政治的一步前进，总会“派生”出一些新的同样难以应付的发展困境，但值得欣慰的是，这种追求民主、追求发展的脚步从未停止，并且日益坚定、日益深刻。

① 何增科：《渐进政治改革与民主的转型》（上），《北京行政学院学报》2004 年第 3 期。

附 录

附录1：香港特别行政区政府主要官员问责制新架构

■ 行政长官：

■ 政务司司长：

协助特首督导他指定的某些决策局工作；

制定五年政策和立法议程。

■ 财政司司长：

监督财经、经济和就业范畴的政策制定和实施；

主理特首的指定优先处理项目。

■ 律政司司长：

继续担任特区的首席法律顾问。

■ 11 名问责局长：

可获配一组共四人的办公室人员，包括政务助理、新闻秘书、私人秘书和司机；直接向行政长官负责；

公务员事务局局长一职必须从公务员中拣选，离任后可重返公务员队伍。

■ 常任秘书长：

11 个政策局均设常任秘书长职位，属决策局局长职级 D8 级①，日后是公

① 香港特别行政区政府公务员的薪级分为 D1—D10，共 10 级，从 D1 至 D10 对应的职级逐级升高。问责制实施实行之前，D9、D10 分别为财政司司长和政务司司长专用。问责制实施后三司司长脱离公务员队伍，不再适用于公务员管理制度而实行聘任制，因此这两个薪级悬空，D8 为实质意义上的公务员最高薪级。

务员最高的职级。

■ 特首办：

新设主任一职，由非公务员合约人士出任，任期与特首相同；

将行政会议秘书处收归辖下；

取消新闻统筹专员一职。

■ 行政会议：

由特首、14 名问责官员及少数非官守成员组成；

内设 5 个政策小组，分别由政务司司长及财政司司长领导。

■ 民意：问责官员需要不时落区了解民情，解释推行政策的目的。

■ 立法会：通过的不信任动议，是问责官员下台与否的参考之一。

注：三司司长的薪酬较民营机构行政总裁及公营机构主管年薪为低，但较欧美国家部长为高。

资料来源：港府高官问责制全面解构，http：// www. southcn. com/ news/ hktwma/ shizheng/200204180384. htm，2002 年 4 月 18 日。

附录 2：香港特别行政区《问责制主要官员守则》

第一章：前　言

■ 本守则适用于所有司长和局长，即问责制主要官员（以下简称“主要官员”）。

■ 主要官员执行职务时必须遵守下列基本原则：

（1）主要官员须宣誓拥护《基本法》并效忠中华人民共和国香港特别行政区（下称“香港特区”）。

（2）主要官员须专心致志执行职务，并向香港特区政府负责。

（3）主要官员须维护法治，遵守法律，并保障公职的声名不受损。

（4）主要官员须以香港特区整体的最佳利益而行事。

（5）主要官员须尽量公开他们所作的决定和所采取的行动。他们须为所作决定承担责任。

（6）主要官员须时刻严守个人品格和操守的最高标准。

（7）主要官员须确保在他们公职和个人利益之间并无实际或潜在的冲突。

（8）主要官员须时刻积极维护并推广一支常任、诚实、用人唯才、专业和政治中立的公务员队伍。

(9) 主要官员不得利用任何公共资源，进行与政府无关的用途（包括用作与任何政党有关的用途)。

(10) 主要官员须身体力行，以身作则，带头推广及支持上述原则。

■ 本守则没有尽录主要官员每项可能采取的行动或应有行为。反之，守则提供在某些情况下恰当行为的规则和原则。至于未有订明的情况，主要官员须根据守则内订明的原则自行判断，应采取何种最有效的方法去维护最高标准。如有疑问，主要官员应征询行政长官的意见。

■ 本守则应跟适用于主要官员的条例一并理解。这些条例包括《防止贿赂条例》(香港法例第 201 章) 和《官方机密条例》(香港法例第 521 章)。

第二章：职 责

■ 主要官员须全心全意履行政府主要官员的职责，竭尽所能促进政府的利益。

■ 主要官员须为行政长官所指派的政策范畴承担责任，并统领有关政策范畴内的执行部门。主要官员负责制定、介绍政府政策及为政策辩护，以及争取公众和立法会的支持。他们须就政策的成败向行政长官负责。

■ 主要官员须遵行行政长官会同行政会议的决定，并对此承担集体责任。

■ 主要官员须注意，行政长官可按需要委派他们，在其它主要官员暂时缺勤时，行使缺勤主要官员的权力或执行他们的职务，包括出席立法会、辖下委员会、小组委员会和事务委员会的会议，以及代表政府发言。

■ 主要官员须注意，鉴于律政司司长和公务员事务局局长两个职位的角色和职责特殊，故会在他们暂时缺勤时作出特别安排。在律政司司长缺勤时，有关的法律专员会行使律政司司长的权力，并执行其职务，包括出席立法会、辖下委员会、小组委员会和事务委员会的会议，以及代表政府发言。在公务员事务局局长缺勤时，公务员事务局常任秘书长会行使公务员事务局局长的权力，并执行其职务，包括出席立法会、辖下委员会、小组委员会和事务委员会的会议，以及代表政府发言。

■ 主要官员须注意，公务员如被委派出席立法会、辖下委员会、小组委员会或事务委员会会议，并代表政府发言，他们只能按既定政策行事。

与立法会有关的责任

■ 主要官员须注意，根据《基本法》第六十四条，政府必须遵守法律，对立法会负责：执行立法会通过并已生效的法律；定期向立法会作施政报告；答复立法会议员的质询；征税和公共开支须经立法会批准。

■ 根据《基本法》第六十二（六）条，主要官员获委派列席立法会、辖下委员会、小组委员会和事务委员会，并代表政府发言。在出席立法会、辖下委员会、小组委员会和事务委员会的会议时，主要官员均可享有《立法会（权力及特权）条例》（香港法例第382章）第3、4、5及6（2）条所赋予的豁免权和特权。

■ 主要官员的职责包括代表政府出席立法会会议，并按需要出席辖下委员会、小组委员会和事务委员会的会议，以及处理与立法会事务有关的工作，例如提出法案或议案、向立法会发言、提交文件、作出陈述、回答质询，以及就所负责政策范畴的相关事宜参与辩论。

■ 主要官员须尽力确保腾出时间出席立法会会议，讨论有关他们政策范畴的事宜。

■ 主要官员须向立法会提供真确无误的数据，若有任何错误，须尽快更正。

与公务员有关的责任

■ 主要官员须时刻积极维护并推广一支常任、诚实、用人唯才、专业和政治中立的公务员队伍。主要官员尤其须积极维护和推广公务员队伍的基本信念：

（1）坚守法治；

（2）守正忘私；

（3）对在履行公职时所作出的决定和行动负责；

（4）政治中立；

（5）在执行公务时不偏不倚；

（6）全心全意、竭尽所能，以专业精神服务市民。

■ 公务员有责任向主要官员提出坦诚无私、有所根据的意见，主要官员则须公平恰当地考虑这些意见，并充分考虑适用于公务员或其它规管政府运作的政府规例。

■ 主要官员不应要求，或直接或间接影响公务员，使他们作出：

(1) 任何不合法、不恰当或有违公务员队伍的基本信念的行为；

(2) 任何违反政府规例（包括公务员事务规例）的行为；

(3) 可能涉及行政失当的行为；

(4) 与他们公务员角色有冲突的行为；或

(5) 违背政治中立的原则的行为。

■ 主要官员须注意，公务员事务局局长须就公务员政策及公务员的管理事宜，向行政长官负责。主要官员也须注意，公务员事务局局长其中一项重要工作是维护公务员队伍的基本信念。

■ 主要官员须注意，公务员的聘任、管理和升迁事宜是根据用人唯才、公平、公开的原则，以及当前适用于公务员队伍的规例和规则办理。

■ 主要官员须注意，公务员的纪律事宜是根据当前的公务员纪律处分机制处理。在这个机制下，个别公务员如被指行为不当，有关个案会依循公正的程序按照事实证据审理裁定。

■ 主要官员须注意公务员叙用委员会就公务员的聘任、升迁及纪律事宜向政府提供意见的独立角色。

■ 主要官员须全力与公务员事务局局长合作，让后者因公务员投诉被要求作出与他们的公务员角色或公务员队伍的基本信念有冲突的行为，作出跟进。

<u>管制人员的角色</u>

■ 主要官员须注意，在符合财政司司长所订立的规例及发出的指示或指令的情况下，根据《公共财政条例》（香港法例第 2 章）指定的管制人员须对其所负责的决策局及部门的一切开支负责及交代。

■ 主要官员须注意，管制人员必须遵守财政司司长就公帑及政府财政的安全、经济效益及利益所制定的所有规例和发出的指示或指令。主要官员有责任对管制人员提出诚实、有见地及持平的意见，给予公平及适当的考虑。

第三章：官方机密与保密

■ 主要官员须注意，他们属于《官方机密条例》（香港法例第 521 章）中“公务人员”定义的类别，因此他们须遵守该条例适用于“公务人员”的条文。

■ 主要官员不得泄露行政会议的议程、文件或会议过程，或基于他们行政会议成员身分而送交他们的任何文件或得悉的任何事宜。行政会议的讨论和商议均须绝对保密。内部的议决过程也不得公开。

■ 主要官员须采取适当的管理措施，妥为保管交付他们的机密文件。他们须紧记，根据一般原则，机密数据的发放范围不应过于所需，能有效地应付当前的工作已经足够，并应仅限于那些获授权接触这类资料的人士。

离职

■ 离职时，主要官员须交出所拥有的政府文件，并确保这些文件的所有草拟本和个人副本均已作适当处理。

■ 主要官员须注意，因受聘于政府而取得被《官方机密条例》（香港法例第521章）列为不得公开的所有机密数据、文件或其它物品，在他们离职后仍会受有关条例保障，不能公开。

■ 主要官员须注意，不管是在香港或外地，如果他们向未获授权人士透露任何属于《官方机密条例》（香港法例第521章）所定保密范围的资料，无论是口头或书面，包括以演说、讲学、电台或电视广播，或以报刊或书籍或其它形式发表，均有可能根据《官方机密条例》（香港法例第521章）被检控，事前得到行政长官的书面批准，当作别论。主要官员离职后仍须遵守《官方机密条例》的相关条文。

在法庭作证

■ 主要官员可能被传召，在法庭上提供有关其职务的口头证供及/或提出有关的官方文件。如涉及口头证供或出示官方文件，有关主要官员须评估是否有任何理据显示提供该等证供或出示该等文件会对公职的正常运作造成损害，或在某方面违反公众利益。在所有上述情况下，有关主要官员都须征询律政司司长的意见。

第四章：参与政治活动

■ 主要官员须注意，根据《行政长官选举条例》（香港法例第569章）、《立法会条例》（香港法例第542章）和《区议会条例》（香港法例第547章）的定义，他们属于指定的公职人员。因此，在行政长官、立法会或区议会的选举中，他们均不合资格被提名为候选人，也不合资格被选为立法会或区议会的民选议员。

■ 主要官员须向行政长官申报他们与任何政党是否有任何形式的联系；是否属任何政党的成员，以及在政党中有否担任任何职位。主要官员与任何政党有关连的身分如有任何改变，也须向行政长官申报。有关申报将应要求供公众查阅。

■ 就本守则而言，“政党”的含义跟《行政长官选举条例》（香港法例第569章）第31（2）条所订明的定义相同。

■ 主要官员须注意，虽然他们的结社自由获得法律保障，但他们须确保在参与政党所举办的活动时，遵守下列规则和原则：

（1）参与这类活动不会引致与政府事务及/或主要官员的公职之间产生或可能产生利益冲突；

（2）主要官员参与这类活动不会令政府、行政长官或其它主要官员感到尴尬；

（3）由于行政长官可随时要求主要官员把其才干、精力和注意力优先投入工作，所以任何可能有损他们履行主要官员职务或分散他们注意力的活动均必须避免；以及

（4）主要官员不应在任何针对政府行动或建议的公开请愿中签名支持或争取签名。

■ 主要官员在考虑加入成为任何政党的党员或参加政党所举办的活动时，须确保不会抵触拥护《基本法》和效忠香港特区的誓言。

■ 如有疑问，主要官员应征询行政长官的意见。

第五章：防止利益冲突

■ 主要官员须避免令人怀疑他们不诚实、不公正或有利益冲突。

■ 在执行职务和与市民及下属交往时，主要官员必须恪守公平公正的原则。

■ 主要官员须避免处理有实际利益冲突或潜在利益冲突的个案。

■ 主要官员在执行公职时，如个人利益可能会影响，或被视为会影响他们的判断，均须向行政长官报告。

■ 在任期内，除非获得行政长官的书面同意，主要官员不可作为主管、代理、董事或幕后董事、雇员或以其它身分，直接或间接参与任何其它行业、商业、职业、商行、公司（私营或公营）、商会或其它类似组织、公共机构或私营专业服务机构的工作；或涉及上述有关职务。如果主要官员是以公职身分或因其家族产业的关系而获委任为有关董事会的董事，则行政长官很可能会给予书面同意。主要官员可保留或接受非牟利机构或慈善团体的名誉职衔。在这些情况下，主要官员须确保他在这些机构或团体的利益与其公职不会有实际或

表面上的利益冲突，以及他在这些机构或团体的利益不可令政府、行政长官或政府其它主要官员感到尴尬。

投资/利益的申报和处理

■ 由于主要官员可能接触高度敏感的数据，包括商业敏感数据，故他们须申报其投资和利益，以赢取公众的信任和信心。有关申报将应要求供公众查阅。

■ 在任何时间，如发现主要官员的投资或利益跟他的公职有或似乎有利益冲突时，行政长官可要求有关主要官员采取下述任何一项或多项措施：

（1）放弃所有或部分投资/利益；

（2）避免再购入有关投资/利益或予以出售；

（3）在指定时间内冻结任何投资交易；

（4）把有关投资/利益交由他人全权托管；

（5）避免处理确实有利益冲突或可能有利益冲突的个案；以及

（6）根据行政长官指示采取其它行动。

接受利益

■ 主要官员必须注意，作为受雇于政府的公职人员，他们必须遵守《防止贿赂条例》（香港法例第201章）和《廉政公署条例》（香港法例第204章）的相关条文，并在有需要时，就是否接受和保存礼物、利益或其它好处，要求行政长官给予指引。

■ 按一般规定，主要官员如接受某些馈赠或款待，可能会使他们在判断中作出妥协，或会使别人合理地认为他们在判断中作出妥协，或承担不恰当的义务，他们便须避免接受有关馈赠或款待。虽然主要官员并不会被禁止接受款待或免费服务，但他们应在接受任何馈赠或款待前注意有关的法律条文及下列各点：

（1）接受款待或免费服务会否引致与他们的公职有利益冲突，或使他们欠了馈赠者的人情；

（2）接受款待或免费服务会否引致他们在执行职务方面产生尴尬；

（3）接受款待或免费服务会否令他们或公职人员的声名受损。

■ 倘若款待基于诸如过于花费；或主要官员与另一人的关系；或该名人士的品德等理由，可能造成下列情况：

（1）导致主要官员在执行职务方面产生尴尬；

（2）令主要官员或公职人员的声名受损，主要官员便不应接受有关人士的款待。

赞助访问

■ 主要官员可能接获外国政府的邀请，以官职身分进行赞助访问。倘若主要官员有意接受有关访问的赞助，他必须征得行政长官的许可。

■ 主要官员可能接获外间机构的邀请，以官职身分进行赞助访问。倘若主要官员有意接受有关访问的赞助，他必须征得行政长官的许可。

■ 倘若主要官员有意代其配偶接受一项赞助访问，他必须征得行政长官的许可。

馈赠及其它记录

■ 主要官员须注意，他们须遵守《防止贿赂条例》（香港法例第 201 章）的规定，并在有需要时，就是否接受和保存礼物、利益或其它好处，要求行政长官给予指引。此外，主要官员须保存一份记录册，主要官员或其配偶藉着他们主要官员身分的关系，从任何组织、个别人士或香港特区政府以外的政府收受的任何礼物、利益、款项、赞助（包括金钱赞助和赞助访问）或任何物质上的好处，均须记录在案。有关记录册会应要求公开，以方便公众查阅。

离职

■ 主要官员如欲在离职后一年内展开任何工作，在任何商业或专业机构出任董事或合伙人，或独资或与他人合资经营任何业务或专业服务，必须事前征询行政长官所委任的专责委员会的意见。委员会的审议过程必须保密，但所提出的意见则会公开。

■ 在离职后一年内，主要官员不得在任何牵涉或针对政府的索偿、诉讼、索求、法律程序、交易，或谈判中代表任何人。

■ 在离职后一年内，主要官员不得参与任何与政府有关的游说活动。

第六章：交通安排

本地的交通安排

■ 每名主要官员均获免费提供一辆汽车连一名司机，供他在香港自行决定使用。

外地的交通安排

■ 到外地公干时，主要官员可乘坐头等机位，费用由政府支付。如在对外事务礼节上需由配偶陪同前往，则其配偶也可乘坐头等机位，费用由政府支付。

■ 主要官员（及其配偶）到外地公干，会获发放膳宿津贴，津贴率和形式与适用于最高级公务员的相同。主要官员所须遵守的膳宿津贴规则和规例，与适用于最高级公务员的相同。

使用出差公费所赚取的飞行奖赏

■ 到外地公干的主要官员无责任向航空公司申领飞行奖赏。然而，如果有关奖赏已获认领，并存入主要官员的飞行哩数账户，则有关主要官员应向所属决策局/部门报告有关奖赏事宜，以便在日后公干中计划这些奖赏的可能用途。

■ 出差公费所赚取的飞行奖赏，必须优先在下一次公干中使用。

■ 如果预期在奖赏有效期届满前不会在下次公干中使用这些奖赏，主要官员可征求行政长官批准，把有关奖赏拨作私人用途。

第七章：其　它

举报刑事罪行和意图行贿

■ 主要官员须就他们以公职或个人身分所遇到的所有犯罪、涉嫌犯罪，包括意图行贿等案件向有关当局举报。在《防止贿赂条例》（香港法例第201章）、《廉政公署条例》（香港法例第204章）和《选举（舞弊及非法行为）条例》（香港法例第554章）内所指罪行或涉嫌罪行方面，有关主管当局是廉政专员。至于其它刑事罪行方面，则为警务处处长。

■ 主要官员须注意，他们无权酌情决定举报哪些案件。

法律诉讼

■ 主要官员因公务事宜而遭诽谤，可提出诉讼。但在提出诉讼前，他们必须通知行政长官，并在使用任何政府数据或要求其它官员作供之前，征得行政长官的许可。为诽谤提出诉讼的主要官员，必须确保拟采取的法律行动不会令政府声名受损。

■ 主要官员接到令状或声称会提出民事诉讼的信件，而他或她是该诉讼的其中一方，以及所涉及的事情是由其职业或公务所引起的，须立即通知行政长官及律政司司长。

■ 当主要官员涉及任何刑事诉讼（不论该诉讼是否由他的职业或公务所引起的），须立即通知行政长官。

■ 主要官员如因第三者的不当行为而受伤害，可控诉该第三者。

■ 在某些情况下，政府可能会为主要官员提供法律代表。行政长官会根据个别案情考虑提供法律上的援助，但一般而言，主要官员只有在研讯所涉及的事情是由于他的公职引起或在他执行职务期间引起的情况下才会获得援助。

■ 主要官员如果获得法律上的援助，而其后又获判给诉讼费，须把所获的诉讼费全部或部分付还政府，以抵偿政府所付的法律费用。

注：该守则已于2002年6月28日在香港特别行政区政府宪报刊登，2002年6月29日随立法会CB（2）2462/01－02号文件送交议员参阅，2002年7月9日香港特别行政区政制事务委员会举行特别会议的讨论并正式通过，为香港特别行政区政府第3845号公告。

附录3：《重庆市政府部门行政首长问责暂行办法》

第一条　为了全面推进依法行政，防止和减少行政过错，提高行政效能和工作效率，根据《中华人民共和国地方各级人民代表大会和地方各级人民政府组织法》、《中华人民共和国行政监察法》和《国家公务员暂行条例》等法律、法规，结合本市实际，制定本办法。

第二条　本办法所称政府部门行政首长问责，是指市人民政府对所属各部门行政首长不履行或不正确履行法定职责，致使其领导的机关（系统）政令不畅、秩序混乱、效能低下，损害公共利益或行政管理相对人合法权益的行为，或行政首长举止不端，在社会上造成不良影响的行为，依照本办法予以过问并追究责任的制度。

第三条　本办法适用于市人民政府对市政府部门行政首长（含主持工作的副职，下同）的问责。本办法所指市政府部门包括市政府办公厅，市政府组成部门，直属机构，特设机构，市政府部门管理的机构，议事协调机构的办事机构，具有行政管理职能的市政府直属事业单位，市政府派出机构。

第四条　市政府各部门行政首长应当严格履行法律、法规规定的职责和市人民政府依法赋予的各项职责，认真完成市人民政府交办的各项工作，严格依法行政，自觉接受监督，全心全意为人民服务。

第五条　市政府部门行政首长有下列情形之一的，应当依照本办法问责：

（一）效能低下，执行不力，致使政令不畅或影响市人民政府整体工作部署的：1. 无正当理由，未完成《政府工作报告》中明确规定应由其承担的工作任务或未认真执行市人民政府的指示、决策和交办事项的；2. 不履行或未认真履行职责，致使市人民政府一个时期的某项重要工作未能按时完成，影响全局工作安排的。

（二）责任意识淡薄，致使公共利益或管理相对人合法权益遭受损失或造成不良社会影响的：1. 在重大自然灾害、重特大事故和重大突发事件等事关国家利益、人民群众生命财产安危的紧急时刻，拖延懈怠、推诿塞责，未及时采取必要和可能的措施进行有效处理的；2. 组织大型群众性活动，未采取有效防范措施而发生重大责任事故的；3. 瞒报、虚报、迟报重大突发事件或重要情况、重要数据的。

（三）违反法定程序，盲目决策，造成严重不良政治影响或重大经济损失的：1. 重大建设项目发生重大失误或存在严重质量问题的；2. 随意安排使用财政资金、国有资产，造成资金浪费或国有资产流失的；3. 违法决定采取重大行政措施，导致群众大规模集访或重复上访，或引发其他社会不稳定情况的。

（四）不严格依法行政或治政不严、监督不力，造成严重不良政治影响或其他严重后果的：1. 制定的规范性文件或政策性文件与上位法或上级政策相抵触，严重损害公共利益或行政管理相对人合法权益的；2. 机关行政效率低下，工作态度生硬，服务质量差，群众反映强烈的；3. 监督管理不力，致使机关工作人员多次发生滥用职权、徇私舞弊和失职、渎职等严重违法、违纪行为的；4. 指使、授意机关工作人员弄虚作假，骗取荣誉或进行违法、违纪活动的；5. 对机关工作人员违法、违纪行为进行包庇、袒护或纵容的。

（五）在商务活动中损害政府形象或造成重大经济损失的：1. 在招商引资活动中，违反法律、法规或国家政策规定承诺优惠政策或给予信用、经济担保的，或不守诚信，致使合同不能履行，或严重损害管理相对人的合法权益的；2. 在政府采购活动中，不进行招标投标或违反市人民政府有关规定的；3. 在资金融通活动中违反国家金融法规和有关政策规定的。

（六）市政府部门行政首长本人在公开场合发表有损政府形象的言论，或行为失于检点，举止不端，有损公务员形象，在社会上造成不良影响的。

（七）市人民政府认为应当问责的其他情形。

第六条　市长发现市政府部门行政首长有本办法第五条规定情形之一，或根据下列情况，可以决定启动问责程序：

（一）公民、法人和其他组织向市人民政府提出的附有相关证据材料的举报、控告；

（二）新闻媒体曝光的材料；

（三）人大代表、政协委员提出的问责建议；

（四）司法机关或仲裁机构提出的问责建议；

（五）政府法制工作机构、政府政务督查机构、行政监察机关、审计机关提出的问责建议；

（六）工作考核结果；

（七）副市长、秘书长向市长提出的问责建议。

第七条　问责程序启动后，市长或市长委托的副市长可以责成市政府有关部门的行政首长当面汇报情况。市长或市长委托的副市长听取情况汇报后，认为市政府部门行政首长有本办法第五条规定情形之一且事实清楚的，市长可以直接决定提交市政府常务会议讨论，研究追究责任的方式；认为需要进一步调查核实的，可责成市监察局调查核实。

第八条　市监察局根据市长的指示，依照《中华人民共和国行政监察法》规定的权限和程序开展调查工作。被调查的市政府部门行政首长在接受调查的同时，应当采取积极措施，纠正错误或者改变工作不力的局面，尽量挽回损失，减少不良影响。

第九条　市监察局调查结束，应将调查结果书面告知被调查的市政府部门行政首长，并询问其对调查事实有无异议。

第十条　市监察局应在市长规定期限内完成调查工作，报告调查结果，并按下列规定提出处理建议：

（一）市政府部门行政首长不存在本办法第五条规定情形或情节轻微的，应向市长提出终止问责的建议；

（二）市政府部门行政首长有本办法第五条规定情形之一的，应提请市长对该部门行政首长追究责任，并提出追究责任方式的建议。

第十一条　市长根据调查报告决定不予追究责任的，市监察局应将调查结论和市长决定书面告知被调查的市政府部门行政首长。

第十二条　市长根据调查报告决定按本办法第十四条规定方式追究责任的，应责成市监察局将调查结果和处理建议提交市政府常务会议讨论。被调查的市政府部门行政首长可在常务会议上进行陈述和申辩。

第十三条　市长根据市政府常务会议讨论的情况决定追究责任的方式，由市政府办公厅书面通知被追究责任的市政府部门行政首长，并告知复核、复查申请权。

第十四条　追究责任的方式为：

（一）取消当年评优、评先资格；

（二）诫勉；

（三）通报批评；

（四）责令在市政府常务会议上作出书面检查；

（五）通过市级主要新闻媒体向社会公开道歉；

（六）停职反省；

（七）劝其引咎辞职。

前款规定的方式，可以单处或者并处。其中，作出停职反省或劝其引咎辞职决定的，应当根据干部管理权限和任免程序将决定书面报市人大常委会或有关机关备案。

第十五条　被问责的市政府部门行政首长对问责决定不服的，可以自收到决定之日起 10 个工作日内向市人民政府申请复核。特殊情况，可申请延长 5 个工作日。

第十六条　市长决定复核的，可根据复核申请的内容责成市监察局在 7 个工作日提交复核报告，也可另行组成调查组进行复查，并在 20 个工作日内提交复查报告。

复核、复查期间，原追究责任的决定可以中止执行。

第十七条　市长根据复核或复查报告，分别作出以下决定：

（一）原调查报告事实清楚，证据确凿的，原问责决定继续执行；

（二）原调查报告基本事实清楚，基本证据确凿，但情节轻重有偏差的，改变追究责任的方式；

（三）原调查报告有重大错误的，终止原追究责任的决定。

第十八条　调查人员滥用职权、徇私舞弊、玩忽职守，导致调查报告出现重大错误的，应当依照《中华人民共和国行政监察法》和干部管理权限的规定给以行政处分。

第十九条　市政府部门行政首长有本办法第五条规定情形之一且该行为涉嫌违纪的，由市监察局依法处理；如该行为涉嫌犯罪的，市监察局应将案件移送司法机关依法处理。

前款的调查情况和案件处理情况，均应向市长提出书面报告。

第二十条　受到纪检机关警告、严重警告或监察机关警告、严重警告、记过、记大过、降级处分的市政府部门行政首长，市长仍可决定按本办法第十四条规定的方式追究其责任。

第二十一条　依照本办法对市政府部门行政首长问责后，如问责情形是由处（室）负责人或工作人员的行为所导致的，市政府部门行政首长可参照本办法对其问责；如问责情形是由分管副职的行为所导致的，应对其进行批评并提请市监察局对其问责。

分管副职、处（室）负责人或工作人员的行为涉嫌违纪的，按干部管理权限依法处理；涉嫌犯罪的，移送司法机关依法处理。

第二十二条　市人民政府对区县（自治县、市）人民政府行政首长的问责，参照本办法执行。

各区县（自治县、市）人民政府可以参照本办法，对本级政府部门的行政首长和乡（民族乡）、镇人民政府或街道办事处的乡长、镇长或主任进行问责。

实行市以下垂直领导体制的市政府部门可以参照本办法，对本系统的区县（自治县、市）政府部门的行政首长进行问责。

第二十三条　本办法第十四条第一款第二项所称诫勉，指市长或受市长委托的副市长根据市政府常务会议精神对被问责的市政府部门行政首长进行批评、教育，提出限期整改要求。

第二十四条　对市政府部门副职问责的具体办法，由市监察局根据本办法另行制定。

第二十五条　本办法自2004年7月1日起施行。

注：该办法已于2004年5月11日在重庆市人民政府第29次常务会议审议通过并公布，自2004年7月1日起施行，为重庆市人民政府令第169号。

附录4：《深圳市人民政府部门行政首长问责暂行办法》

第一条　为了加强对我市政府部门行政首长的监督，促使其恪尽职守、依法行政，确保政令畅通，提高行政效能，防止和减少行政过错，建立勤政、廉洁、务实、高效的政府，根据有关法律、法规规定，结合本市实际，制定本办法。

第二条　本办法所称政府部门行政首长问责，是指市政府对所属各部门不履行或者不正确履行职责、或者政府部门行政首长在公众场合的言行与职务身份不相符合造成重大失误或不良社会影响的行为，依照本办法追究行政首长（含主持工作的副职）责任的活动。

本办法所称市政府部门，包括市政府办公厅和市政府组成部门、直属机构、直属特设机构、派出机构及直属行政事务机构。

第三条　政府部门行政首长问责实行权责统一、有错必究，过错与责任相适应，教育与惩戒相结合的原则，合法、客观、公正地进行。

第四条　市政府各部门行政首长应当严格履行法律、法规、规章和市政府依法赋予的各项职责，认真完成市政府交办的各项工作，严格依法行政，自觉接受监督，全心全意为人民服务。

第五条　政府部门执行上级机关的决策和部署不力，有下列情形之一的，应当对行政首长问责：

（一）不贯彻落实或者拒不执行国家的方针政策、上级行政机关依法作出的决定和命令的；

（二）无正当理由未能按期完成市政府确定由其承担的工作任务的；

（三）不正确执行上级机关依法作出的决策和部署，给公共利益、行政管理相对人合法权益、国家财产造成严重损失或者影响政府整体工作部署的。

第六条　政府部门违反规定进行决策，发生重大决策失误，有下列情形之一的，应当对行政首长问责：

（一）超越部门权限擅自决策的；

（二）重大决策事项不按照规定的程序和议事规则进行决策的；

（三）重大决策事项不按照规定进行公示、组织咨询论证或者可行性论证的；

（四）社会涉及面广、与人民群众利益密切相关的决策事项，未按照规定通过组织听证会、论证会等形式听取意见的；

（五）应当公开的决策信息未按规定公开的；

（六）制定与法律、法规、规章或者上级政策规定相抵触的规范性文件、行政决定或者命令的；

（七）违法设定行政许可、行政处罚、行政事业性收费或者行政强制措施的；

（八）因决策失误造成重大人员伤亡或财产损失、生态环境破坏或者其他不良社会影响的。

第七条 政府部门不认真履行管理职责，有下列情形之一的，应当对行政首长问责：

（一）瞒报、谎报、迟报突发公共事件等重要信息的；

（二）发生重特大突发公共事件时，未按照相关法律规定、上级要求和实际情况，及时、妥善、有效处理和组织有关救援工作的；

（三）未按照有关规定和要求建立健全安全工作规章制度、制定公共突发事件应急预案，或者对重大公共安全、生产安全隐患发现后不依法采取措施，出现重特大责任事故或造成不良社会影响的；

（四）采取行政措施违法、不当引发群体性事件，或者对群体性、突发性事件处置失当造成严重后果的；

（五）对涉及人民群众合法利益的重大问题不及时解决、或者对群众反映强烈的问题能够解决而不及时解决，造成严重后果或者不良社会影响的；

（六）违法实施行政许可、行政处罚、行政事业性收费或者行政强制措施，造成严重后果或者不良社会影响的；

（七）非法干预市场经济活动，或者对扰乱市场经济秩序行为监管不力或纵容、包庇的；

（八）截留、滞留、挤占或者挪用财政专项资金和政府代管资金的；

（九）部门直接负责或者直接管理单位负责的重大建设项目发生重大失误或存在严重质量问题的；

（十）违反规定安排使用财政资金、国有资产，造成资金浪费或国有资产流失的；

（十一）因疏于管理、处置不当致使公共利益、行政管理相对人合法权益遭受严重损害或者造成不良社会影响的其他情形。

第八条 政府部门不认真履行内部管理职责，有下列情形之一的，应当对行政首长问责：

（一）本部门工作效率低下，服务质量差，群众反映强烈的；

（二）违反干部选拔任用规定选拔任用干部，造成严重不良影响的；

（三）用人严重失察、失误，造成严重后果的；

（四）对本部门的违纪、违法行为隐瞒不报，包庇、袒护、纵容的；

（五）指使、授意本部门工作人员弄虚作假的；

（六）授意、指使、纵容本部门工作人员阻挠、干预、对抗监督检查或者案件查处，或对办案人、检举人、控告人、证明人打击报复的；

（七）因管理不力造成严重后果或者不良社会影响的其他情形。

第九条　政府部门行政首长有下列情形之一的，应当对行政首长问责：

（一）在公众场合发表有损政府形象的言论的；

（二）违反规定泄漏国家秘密或者所掌握的工作秘密的；

（三）利用工作之便掌握的未公开信息为自己或者亲属牟取利益的；

（四）对配偶、子女及身边工作人员的严重违法违纪行为知情不管，或包庇、纵容的；

（五）其他失于检点并在社会上造成不良影响的行为。

第十条　政府部门及其行政首长有本规定之外的其他行为，造成严重后果或者不良社会影响，应当对行政首长问责的，依照本办法问责。

第十一条　市长发现部门行政首长有本办法规定的问责情形或者依据下列问责信息，可以提请市政府常务会议决定启动问责程序：

（一）公民、法人或其他组织署名的附有相关证据材料的检举、控告材料；

（二）上级领导机关的指示、批示；

（三）审判机关、检察机关提出的问责建议；

（四）审计、行政监察等监督机关提出的问责建议；

（五）部门工作考核结果；

（六）新闻媒体曝光的材料；

（七）其他反映部门行政首长存在问责情形的材料。

市长在决定提请市政府常务会议启动问责程序前，可以责成有关的行政首长当面汇报情况，并进行诫勉谈话。

第十二条　市政府常务会议决定启动问责程序的，应当责成有关部门在市政府常务会议决定后的7日内组成调查组进行调查。

第十三条　调查组成员与拟问责的行政首长有利害关系、可能影响公正处理的，在调查前或者调查过程中，应当依法实行回避。

第十四条　在调查过程中，拟问责的行政首长应当向调查组作出书面说明。有关部门和人员应当对调查组的调查工作予以协助。

拟问责的行政首长阻挠或者干预调查工作的，调查组可以提请市政府依照有关规定暂停被调查人执行职务。

第十五条 调查组应当在30日内完成调查工作，并向市长提交书面调查报告。调查报告应当包括问责情形的具体事实、基本结论和是否问责的具体建议。

第十六条 市长接到调查报告后，应当在15日内提交市政府常务会议讨论，作出问责或者不予问责的决定，并决定责任追究的方式。

拟问责的行政首长在问责期间可以就问责的事项向市政府陈述和申辩。

第十七条 行政首长被问责的，采取下列方式追究责任：

（一）责令限期整改；

（二）责令作出书面检查；

（三）责令公开道歉；

（四）通报批评；

（五）责令辞职；

（六）建议免职。

以上责任追究方式可以单独适用或者合并适用。

采用前款第（五）项、第（六）项方式问责的，按照管理权限和规定的程序办理。

第十八条 有问责情形的行政首长引咎辞职的，不再依照本规定追究责任。依照法律、法规、规章规定需追究其他责任的，从其规定。

被问责的行政首长涉嫌违反政纪、应当给予行政处分的，由监察机关依照有关规定和程序处理；涉嫌违反党纪的，移送党的纪律检查机关处理；涉嫌犯罪的，移送司法机关处理。

第十九条 对行政首长作出的问责或者不予问责的决定，应当书面告知本人，并书面告知提出问责批示或建议的有关机关或者个人。

第二十条 被问责的行政首长对问责决定不服的，可以按照《中华人民共和国公务员法》规定的程序进行申诉。

第二十一条 依照本办法需要发出通知和决定等文书的，由市政府办公厅负责拟订和送达。

第二十二条 被问责的行政首长拒绝执行问责决定的，依照管理权限免去其职务后，再按照有关规定作出处理。

第二十三条 参与问责调查工作的人员滥用职权、徇私舞弊、玩忽职守的，应当依照有关规定追究其责任。

第二十四条 行政首长被问责的情形是由其他负责人或者工作人员造成

的，应当依照有关规定追究相关人员的责任。

第二十五条　市人民政府对区人民政府行政首长的问责，参照本办法执行。

各区人民政府对本级政府部门的行政首长和街道办事处主任进行问责，可以参照本办法执行。

第二十六条　本办法自发布之日起施行。

注：该办法为2005年12月9日深圳市政府行政执行力建设暨廉政工作会议出台的“1+6”文件之一，文件编号为深府［2005］201号。“1+6”文件系指深圳市在该会议上出台的《关于健全行政责任体系加强行政执行力建设的实施意见》以及《行政过错责任追究办法》、《政府部门行政首长问责暂行办法》、《行政机关工作人员十条禁令》、《实施行政许可责任追究办法》、市政府《关于推行行政执法责任制的意见》和《关于进一步加强政务督察工作的意见》等6个配套文件。

附录5：香港特别行政区主要官员问责制实施前民意调查结果

		态度	频数	有效百分比
对高官问责制的支持与看法（%）	是否支持政府建议的高官问责制	不支持	271	30.1
		支持	376	41.7
		不知道/很难说	254	28.2
		总计	901	100.0
	对实行高官问责制后特区政府整体施政的看法	更差	130	14.6
		一样	238	26.7
		更好	328	36.9
		不知道/很难说	194	21.8
		总计	890	100.0
	对实行高官问责制后特区政府掌握民意的看法	更差	124	14.0
		一样	254	28.6
		更好	334	37.7
		不知道/很难说	175	19.7
		总计	887	100.0

续表

		态度	频数	有效百分比
对问责高官与特首的权力关系的看法（%）	问责高官犯严重错失而下台的决定权在于特首	不赞成	584	66.1
		赞成	164	18.6
		不知道/很难说	135	15.3
		总计	883	100.0
	高官问责制会令特首权力加大	不同意	257	29.1
		同意	495	56.1
		不知道/很难说	130	14.7
		总计	882	100.0
对高官组成的看法（%）	问责高官组成的人选	以公务员为主	276	30.7
		一半一半	164	18.2
		以外界人士为主	285	31.7
		不知道/很难说	174	19.4
		总计	899	100.0
	对特首在外界找到足够人才出任问责高官的信心	没有信心	402	44.8
		有信心	297	33.1
		不知道/很难说	198	22.1
		总计	897	100.0
对决策局合并的看法（%）	对十六个决策局合并为十一个的看法	太少	105	11.9
		适中	466	53.0
		太多	91	10.3
		不知道/很难说	218	24.8
		总计	880	100.0
	是否担心合并会造成行政混乱	不担心	425	48.4
		担心	261	29.7
		不知道/很难说	192	21.9
		总计	878	100.0

续表

	态度	频数	有效百分比
对问责局长薪酬的看法（%）	太低	8	0.9
	适中	244	27.9
	太高	466	53.2
	不知道/很难说	158	18.0
	总计	876	100.0
对讨论高官问责的时间是否足够的看法（%）	不足够	559	63.9
	足够	175	20.0
	不知道/很难说	141	16.1
	总计	875	100.0

注：该调查系香港中文大学香港亚太研究所于2002年4月22～25日进行，成功率为47.2%，以903个样本数推论，并将可信度设于95%，抽样误差约在正或负3.33%以内。4月25日，立法会将调查的结果摘要发布了新闻公报。

资料来源：香港主要官员问责制实施前民意调查结果. http://www.cuhk.edu.hk/hkiaps/telpress/tung57－press1.pdf，2002年4月25日。

附录6：香港公众对管治表现的评价（2003年至2005年调查结果）

政府管治表现	全港电话随机抽样调查			中产人士问卷调查			本地大学学者问卷调查		立法会议员问卷调查	
	2005	2004	2003	2005	2004	2003	2004	2003	2004	2003
问责性										
1. 特区政府司局长乐于向市民解释有关的政策	57.5	45.8	3.1	50.7	29.0	22.1	33.5	39.1	65	31.1
2. 司局长愿意为政策失误采取行动，以负上责任	50.7	36.8	2.7	31.2	17.1	9.3	18.0	18.9	41.2	19.6
3. 政府以负责任的态度去施政	57.9	42.8	3.0	44.0	22.9	17.4	29.4	30.0	37.4	29.7
4. 公务员大体上能够保持政治中立	64.9	54.6	3.5	59.0	42.6	68.2	53.4	56.6	65.3	33.6
5. 公务员能够以负责任的态度办事	63.2	53.4	3.6	56.8	42.7	69.5	56.3	57.5	65.9	44.3
回应市民程度										
6. 政府主动咨询市民对公共服务的意见	55.9	47.1	3.2	47.0	28.8	20.6	38.2	36.3	51.5	32.1
7. 公众咨询能直接影响政府最终的决策	52.4	41.2	2.8	38.0	19.9	13.0	26.5	23.4	26.8	16.3
8. 政府能掌握社会整体的需要	53.0	40.1	2.8	36.3	20.3	13.8	27.4	25.3	37.6	28.2
9. 政府在掌握社会整体的需要后，能制定适当的服务指标	54.5	41.8	2.9	37.1	21.8	13.8	27.0	27.0	37.6	34.9

续表

政府管治表现	全港电话随机抽样调查			中产人士问卷调查			本地大学学者问卷调查		立法会议员问卷调查	
	2005	2004	2003	2005	2004	2003	2004	2003	2004	2003
10. 政府能制定适当的政策，以响应社会整体的需要	54. 3	42. 5	2. 9	36. 5	20. 4	12. 8	26. 4	25. 9	42. 9	36. 2
透明度与开放性										
11. 市民容易取得有关政府政策的信息	59. 4	50. 7	3. 4	53. 5	43. 6	28. 8	50. 7	51. 3	47. 1	42. 3
12. 市民容易取得有关政府服务表现的信息	55. 5	47. 5	3. 2	42. 8	34. 2	22. 3	37. 8	40. 3	50. 9	39. 3
13. 政府的决策过程是透明的	51. 2	39. 9	2. 9	30. 5	21. 0	14. 1	24. 8	26. 2	42. 4	31. 2
公平性与可预测性										
14. 政府部门处事廉洁	66. 1	57. 9	3. 6	63. 9	58. 2	68. 9	59. 8	64. 0	76. 5	58. 2
15. 不论地位和背景如何，所有人均能一起参与政策制订	52. 1	40. 8	2. 9	24. 7	18. 6	12. 9	22. 1	20. 7	24. 1	25. 9
16. 法律的实施一视同仁	64. 7	55. 0	3. 4	56. 3	39. 2	26. 9	45. 8	43. 9	64. 1	54. 5
17. 政府致力维护法治	68. 7	58. 3	3. 7	49. 7	33. 9	22. 5	40. 8	42. 9	53. 5	41. 9
18. 政府的决策是按既定程序进行的	65. 7	54. 7	3. 5	55. 7	34. 9	24. 0	43. 3	44. 0	65. 0	48. 6
19. 公务员是处事公正的	65. 2	56. 4	3. 6	57. 3	48. 5	69. 7	57. 3	58. 4	69. 1	55. 5
20. 问责制司局长是处事公正的	58. 6	44. 7	3. 0	42. 3	26. 2	17. 1	33. 6	31. 4	47. 9	40. 1

续表

政府管治表现	全港电话随机抽样调查			中产人士问卷调查			本地大学学者问卷调查		立法会议员问卷调查	
	2005	2004	2003	2005	2004	2003	2004	2003	2004	2003
市民参与程度										
21. 政府提供有效的渠道让市民参与政府事务	55.7	46.5	3.1	37.4	24.1	16.3	30.4	28.6	54.1	29.8
22. 政府的各个委员会能让不同社会背景的人士共同参与	55.7	44.8	3.1	38.2	23.3	15.3	28.1	30.5	48.5	44.6
23. 政府愿意听取尖锐的批评	54.9	39.5	2.9	29.9	14.4	8.5	19.8	18.6	42.1	21.4
立法会表现										
24. 有政治团体背景的立法会议员更能反映民意	55.3	——	——	47.3	——	——	——	——	——	——
25. 立法会能有效监察政府的表现	59.2	——	——	48.3	——	——	——	——	——	——
回应调查的人数	505	503	568	225	359	216	111	280	17	19

注1：这份调查报告是香港新力量网络管治小组（www. synergynet. org. hk）委托香港岭南大学，以随机抽样方式，从全港市民之中抽出1259人进行电话问卷调查。同时，又对另外三个组别的人士进行邮递问卷和网上问卷调查，他们分别为60位立法会议员，5000多位本地大学学者，以及新力量网络经常联络的1000多名香港中产者。

注2：除了2003年“全港电话随机抽样调查”一项满分为10分之外，其他所有分数为100分满分。100分为最高分数，0分为最低分数，50分为合格分数。

注3：由于2005年问卷调查的回应率偏低，所以部分数据并没有显示（26位本地大学学者及10位立法会议员）。其中本地大学学者问卷调查的回应率尤其偏低，因此该年度中产人士问卷调查与本地大学学者问卷调查的结果被合并。

注4：“立法会表现”为2005年新增加的问卷调查问题，并没有在过去的问卷调查中出现。

数据来源：新力量网络管治改革小组（www. synergynet. org. hk）：《吸取教训，迈向管理新时代——香港管治制度及其成效的评估》，2005年9月.

参考文献

著作类参考文献：

1. Anthony Downs. *Inside Bureaucracy* [M] . Illinois: Waveland Press, 1994.

2. Alan Watson. *Legal Transplants: An Approach to Comparative Law* (*2nd Ed.*) [M] . Athens and London: The University of Georgia Press, 1993.

3. Anne Marie Goetz, Rod Jenkins. *Reinventing Accountability: Making Democracy Work for Human Development* [M] . New York: Palgrave Macmillan, 2005.

4. Bernard M. Bass. *Handbook of Leadership: A Survey of Theory and Research* [M] . New York: Free Press, 1990.

5. Bjur Zomorrodian. *Toward Indigenous Theories of Administration* [M] . Athens and London: The University of Georgia Press, 1998.

6. Charles de Montesquieu. *The Spirit of the Laws* [M] . Cambridge: Cambridge University Press, 1989.

7. Ernest Barker. *Reflections of Government* [M] . Oxford: Oxford University Press, 1942.

8. Ferrel Heady. *Public Administration: A Comparative Perspective* (*6th Ed.*) [M] . CRC Press, 2001.

9. George C. Edwards Ⅲ, Ira Sharkanskey. *The Policy Predicament: Making & Implementing Public Policy* [M] . San Francisco: W. H. Freeman and Company, 1978.

10. Graver Starling. *Managing the Public Sector* [M] . Homewood: The Dorsey Press, 1986.

11. Howard J. Wiarda. *Non-Western Theories of Development: Regional Norms Versus Global Trends* [M] . Wadsworth Pub Co. . 1998.

12. Howard J. Wiarda. *Introduction to Comparative Politics* [M] . Belmont, CA: Wadsworth Publishing, 1993.

13. Irene Gendzier. *Managing Political Change: Social Scientists and the Third World* [M] . Boulder, CO: Westview Press, 1985.

14. J. D. Aberbach, R. D. Putnam. *Bureaucrats and Politicians in Western Democracies* [M] . Cambridge:

Harvard University Press, 1981.

15. J. W. Harris. *Legal Philosophies* [M]. London: Butter Worths, 1980.

16. James W. Fesler, Donald F. Kettl. *The Politics of the Administrative Process* [M]. New York: Chatham House Publishers, 1996.

17. Jan-Erik Lane. *The Public Sector: Concepts, Models and Approaches* [M]. London: Sage Publications of London. 2000.

18. Janet V. Denhardt, Robert B. Denhardt. *The New Public Service: Serving, not Steering* [M]. New York: M. E. Sharpe, 2003.

19. Jay M. Shafritz. *The Facts on File Dictionary of Public Administration* [M]. New York: Facts On File Publication, 1985.

20. Jay M. Shafritz. *International Encyclopedia of Public Policy and Administration* [M]. Colorado: West View Press, 1998.

21. John H. Farrar, Anthony M. Dugdale. *Introduction to Legal Method* [M]. London: Sweet and Maxwell, 1990.

22. K. C. Davis. *Discretionary Justice: A Preliminary Inquiry* [M]. Urbana-Champaign: University of Illinois Press, 1971.

23. Lau Siu- kai, Ed. *The first Tung Chee- hwa Administration —— The First Five Years of the Hong Kong Special Administration Region* [M]. Hong Kong: The Chinese University Press, 2002.

24. Marshall E. Dimock. *Public administration* [M]. New York: CBS College Pub., 1983.

25. Michael Zander. *The Law-making Process* [M]. London: Weidenfeld and Nicholson, 1980.

26. North. D. C.. *Institutions, Institutional Change and Economic Performance* [M]. Cambridge: Cambridge University Press, 1990.

27. Owen E. Hughes. *Public Management and Administration: an Introduction* [M]. Palgrave Macmillan, 2003.

28. Rabin. J. Hildreth. *Handbook of Public Administration* (*2nd Ed.*) [C]. Boca Raton: CRC/Taylor&Francis, 1998.

29. Robea D. Behn. *Rethinking Democratic Accountability* [M]. Washington, D. C.: Broohngs Institution Press, 2001.

30. Rod Hague, Martin Harrop. *Comparative Government and Politics: An Introduction* (*6th Ed.*) [M]. New York: Palgrave Macmillan, 2004.

31. Rorbert A. Dahl. *Modern Political Analysis* [M]. New Jersey: Prentice-Hall, Inc. Englewood Cliffs, 1984.

32. Rosenthal Uriel, Charles Michael T.. *Coping with Crises: The Management of Disasters, Riots and Terrorism* [M]. Springfield: Charles C. Thomas, 1989.

33. Rupert Cross. *Statutory Interpretation* [M]. London: Butter Worths, 1976.

34. Siu-Kailau. *Society and Politics in Hong Kong* [M]. Hong Kong: The Chinese University Press, 1982.

35. Terry L. Cooper. *The Responsible Administrators: An Approach to Ethics for the Administrative Role* [M]. Jossey-Bass Inc. Publishers, 2001.

36. World Bank Experts Group. *Social Accountability in the Public Sector: a Conceptual Discussion and Learning Module* [M]. New York: The International Bank for Reconstruction and Development & The World Bank, 2005.

37. [美] 戴维·奥斯本，特德·盖布勒. 改革政府：企业家精神如何改革着公共部门 [M]. 周敦仁译. 上海：上海译文出版社，2006.

38. [美] 戴维·H·罗森布鲁姆. 公共行政学：管理、政治和法律的途径（第5版）[M]. 张成福等译. 北京：中国人民大学出版社，2002.

39. [美] 戴维·L·韦默. 制度设计 [M]. 费方域，朱宝钦译. 上海：上海财经大学出版社，2004.

40. [英] 戴维·M·沃克. 牛津法律大辞典 [Z]. 李双元等译. 北京：法律出版社，2003.

41. [英] 戴维·米勒，韦农·波格丹诺. 布莱克维尔百科全书（修订版）[M]. 邓正来译. 北京：中国政法大学出版社，2002.

42. [美] F·I·格林斯坦，N·W·波尔斯比. 政治学手册精选 [C]. 竺乾威等译. 北京：商务印书馆，1996.

43. [日] 冈泽宪芙. 政党 [M]. 耿小曼译. 北京：经济日报出版社，1991.

44. [德] 赫尔穆特·沃尔曼. 比较英德公共部门改革——主要传统与现代化的趋势 [M]. 王锋等译. 北京：北京大学出版社，2004.

45. [德] 柯武刚，史漫飞. 制度经济学：社会秩序与公共政策 [M]. 韩朝华译. 北京：商务印书馆，2003.

46. [美] 唐纳德·E·克林纳，约翰·纳尔班迪. 公共部门人力资源管理：系统与战略 [M]. 孙柏瑛译. 北京：中国人民大学出版社，2001.

47. [法] 卢梭. 社会契约论 [M]. 何兆武译. 北京：商务印书馆，1980.

48. 马克思恩格斯全集（第2卷、第6卷）[M]. 北京：人民出版社，1957.

49. [新] 穆雷·霍恩. 公共管理的政治经济学——公共部门的制度选择 [M]. 汤大华等译. 北京：中国青年出版社，2004.

50. [美] 乔·萨托利. 民主新论 [M]. 冯克利等译. 北京：东方出版社，1993.

51. [日] 青木昌彦. 比较制度分析 [M]. 周黎安译. 上海：远东出版社，2001.

52. [美] R. 科斯，A. 阿尔钦等. 财产权利与制度变迁——产权学派与新制度学派译文集 [M]. 上海：上海三联书店，上海人民出版社，1994.

53. [美] S. 菲克. 危机管理 [M]. 韩应宁译. 台北：经济与生活出版事业公

司，1987.

54. ［美］塞缪尔·亨廷顿．变革社会中的政治秩序［M］．王冠华，刘为译．上海：上海人民出版社，2008.

55. ［法］夏尔·德巴什．行政科学［M］．葛智强，施雪华译．上海：上海译文出版社，2000.

56. ［美］小威廉·T·格姆雷等．官僚机构与民主：责任与绩效［M］．沈莹译．上海：复旦大学出版社，2007.

57. ［英］约翰·密尔．代议制政府［M］．汪瑄译．北京：商务印书馆，1984.

58. 陈振明．公共管理学——一种不同于传统行政学的研究途径［M］．北京：中国人民大学出版社，1999.

59. 陈振明．公共政策学——政策分析的理论、方法和技术［M］．北京：中国人民大学出版社，2004.

60. 迟福林．2007 中国改革评估报告［M］．北京：外文出版社，2007.

61. 邓小平文选（第三卷）［M］．北京：人民出版社，1993.

62. “干部人事及廉政法制建设研究”课题组．党政领导干部选拔任用、收入申报、礼品登记及最新反腐败政策法规手册［M］．北京：中国人事出版社，1995.

63. 何翔舟．政府管理活动中的风险成本问题实证研究［M］．北京：中国社会科学出版社，2006.

64. 胡肖华．走向责任政府：行政责任问题研究［M］．北京：法律出版社，2006.

65. 佳日思．香港新宪制秩序［M］．香港：香港大学出版社，1999.

66. 蒋劲松．责任政府新论：熔权制、分权制、监督－仲裁－保障制比较［M］．北京：社会科学文献出版社，2005.

67. 李烈满．健全干部选拔任用机制问题研究［M］．北京：中国社会科学出版社，2004.

68. 李小云．普通发展学［M］．北京：社科文献出版社，2005.

69. 李元书．政治发展导论［M］．北京：商务印书馆，2001.

70. 梁福麟．前瞻特区未来［M］．香港：广角镜出版社，1997.

71. 刘曼容．港英政府政治制度论［M］．北京：社会科学文献出版社，2001.

72. 刘雪丰．行政责任的伦理透视：论公共行政人员的道德责任［M］．长沙：湖南师范大学出版社，2005.

73. 卢兆兴等．董建华政府管治危机与出路［M］．香港：明报出版社有限公司，2002.

74. 陆恭蕙及思汇政策研究所．创建民主——缔造一个优良的香港特区政府［M］．香港：香港大学出版社，2003.

75. 罗荣渠．现代化新论：世界与中国的现代化进程［M］．北京：商务印书馆，2006.

76. 罗永祥等．香港特别行政区施政架构［M］．香港：三联书店（香港）有限公司，2002.

77. 孟庆顺．“一国两制”与香港回归后的政治发展［M］．香港：香港社会科学出版社有限公司，2005.

78. 聂振光．香港廉政［M］．北京：中华书局，1990.

79. 彭和平．公共行政管理（修订版）［M］．北京：中国人民大学出版社，2004.

80. 上海社会科学院当代中国政治研究中心．中国政治发展进程：2007 年［M］．北京：时事出版社，2007.

81. 沈开举，王钰．行政责任研究［M］．郑州：郑州大学出版社，2004.

82. 施礼明，［加］Wallace · B · Crowston. 公共行政管理［M］．北京：中国人民大学出版社，2004.

83. 宋小庄．论“一国两制”下中央和香港特区的关系［M］．北京：中国人民大学出版社，2003.

84. 仝志敏．香港现行公务员制度［M］．北京：中国人民大学出版社，1992.

85. 汪永成．双重转型：“九七”以来香港的行政改革与发展［M］．北京：社科文献出版社，2002.

86. 王成栋．政府责任论［M］．北京：中国政法大学出版社，1999.

87. 王沪宁．比较政治分析［M］．上海：上海人民出版社，1987.

88. 王沪宁．行政生态分析［M］．上海：复旦大学出版社，1989.

89. 王建新．香港政制、公务员与廉政［M］．北京：中国经济出版社，1995.

90. 王叔文．香港公务员制度研究［M］．北京：中共中央党校出版社，1998.

91. 吴瀚飞．中国公开选拔领导干部制度研究［M］．北京：中国社会科学出版社，2002.

92. 吴忠民．渐进模式与有效发展［M］．北京：东方出版社，1999.

93. 夏书章．行政管理学［M］．北京：高等教育出版社，广州：中山大学出版社，2004.

94. 夏书章．香港行政管理［M］．北京：光明日报出版社，1990.

95. 肖枫．西方发展学和拉美的发展理论［M］．北京：世界知识出版社，1990.

96. 肖鹏军．公共危机管理导论［M］．北京：中国人民大学出版社，2006.

97. 肖蔚云．论香港基本法［M］．北京：北京大学出版社，2003.

98. 肖蔚云．香港基本法的成功实践［M］．北京：北京大学出版社，2000.

99. 肖蔚云等．论香港基本法的三年实践［M］．北京：法律出版社，2001.

100. 熊继宁．差异、变化与耦合——香港、澳门公务员系统与国家公务员系统比较研究［M］．北京：中国政法大学出版社，1999.

101. 徐克恩．香港：独特的政制架构［M］．北京：中国人民大学出版社，1994.

102. 薛澜等．危机管理：转型期中国面临的挑战［M］．北京：清华大学出版社，2003.

103. 燕继荣．发展政治学：政治发展研究的概念与理论［M］．北京：北京大学出版社，2006.

104. 杨长青．领导干部权力监督研究［M］．北京：中央文献出版社，2003.

105. 杨光斌．制度的形式与国家的兴衰：比较政治发展的理论与经验研究［M］．北京：北京大学出版社，2005.

106. 杨静辉，李祥琴．港澳基本法比较研究［M］．北京：北京大学出版社，1997.

107. 杨解君．行政责任问题研究［M］．北京：北京大学出版社，2005.

108. 杨俊一．制度变迁与管理创新［M］．上海：复旦大学出版社，2000.

109. 俞可平．增量民主与善治［M］．北京：社会科学文献出版社，2003.

110. 曾祥瑞．行政救济论［M］．北京：人民出版社，2002.

111. 张炳良．香港公共行政与政策［M］．香港：广角镜出版社，1998.

112. 张成福，党秀云．公共管理学［M］．北京：中国人民大学出版社，2001.

113. 张定淮．香港公营部门改革［M］．北京：中央编译出版社，2000.

114. 张定淮．1997～2005：香港管治问题研究［M］．香港：香港大公报出版社，2005.

115. 张国庆．当代中国行政管理体制改革论［M］．长春：吉林大学出版社，1994.

116. 张金马．公共政策分析：概念·过程·方法［M］．北京：人民出版社，2004.

117. 张康之．公共管理伦理学［M］．北京：中国人民大学出版社，2003.

118. 张文显．法学基本范畴研究［M］．北京：中国政法大学出版社，1993.

119. 张小劲．比较政治学导论［M］．北京：中国人民大学出版社，2001.

120. 张贤明．论政治责任——民主理论的一个视角［M］．长春：吉林大学出版社，2000.

121. 郑宇硕．创造香港新纪元［C］．香港：突破出版社，1991.

122. 郑宇硕．香港政制及政治［M］．香港：香港天地图书有限公司，1987.

123. 郑宇硕等．香港政治与选举［M］．牛津：牛津大学出版社，1995.

124. 中共四川省委组织部课题组．党政领导干部制度改革研究［M］．北京：中共中央党校出版社，2002.

125. 中共中央组织部研究室（政策法规局）．干部人事制度改革［M］．北京：中国方正出版社，2004.

126. 中央纪委法规室．监察部法规司编写领导干部收入申报、礼品登记、廉洁自律规定释义［M］．北京：中国方正出版社，1995.

127. 周安伯等．发展理论与中国现代化［M］．北京：国家行政学院出版社，1999.

128. 周八骏.21 世纪初的中国：改革·发展·统一［M］. 上海：上海人民出版社，2006.

129. 周平. 香港政治发展（1980～2004）［M］. 北京：中国社会科学出版社，2006.

130. 周亚越. 行政问责制研究［M］. 北京：中国检察出版社，2006.

131. 卓越. 比较政府与政治［M］. 北京：中国人民大学出版社，2004.

132. 卓越. 行政发展研究［M］. 福州：福建人民出版社，2000.

133. 朱道凯. 权责制领导［M］. 汕头：汕头大学出版社，2003.

134. 朱新力. 行政法律责任研究［M］. 北京：法律出版社，2004.

135. 庄国波. 领导干部政绩评价的理论与实践［M］. 北京：中国经济出版社，2007.

论文类参考文献：

1. Allan Rosenbaum. "Good Governance：Accountability and the Public Servant"［EB/01］. http：// unpanl. un. org/ intradoc/ groups/ pub1, 2005－08－30.

2. Barbara S. Romzek. "Dynamics of Public Sector Accountability in An Era of Reform"［J］. *International Review of Administrative Sciences*, 2000（1）：18～25.

3. Banfield E. C. "Corruption as a Feature of Governmental Organizations"［J］. *Journal of Law and Economics*, 1975（18）：58～67.

4. Delmer D. Dunn. "Accountability, Democratic Theory, and Higher Education"［J］. *Educational Policy*, 2000（11）：35～43.

5. Joy Marie Moncrieffe. "Reconceptualizing Political Accountability"［J］. *International Political Science Review*, 1998（4）：386～394.

6. Kheinstein. M. "Types of Reception"［J］. *Annales*, 1990（5）：30～39.

7. M. Shamsul Haque. "Significance of Accountability under the New Approach to Public Governance"［J］. *International Review of Administrative Sciences*, 2000（66）：606.

8. Patrica W. Ingraham. "Building Bridges or Burning Them? The President, the Appointees, and the Bureaucracy"［J］. *Public Administration Review*, 1987（47）：425～435.

9. Polidano. C. "Why Bureaucrats Can' t Always Do What Ministers Want：Multiple Accountabilities in Westminister Democracies"［J］. *Public Policy and Administration*, 1998（13）：35～50.

10. Robert A. Dahl. "The Science of Public Administration：Three Problems"［J］. *Classics of Public Administration*, 1947（6）：124～133.

11. Samuel Paul. "New Mechanisms for Public Accountability：the Indian Experience"［EB/01］. http：// www. undp. org/ governance/docsaccount, 2006－03－12.

12. Stone. B. "Administrative Accountability in the 'Westminister' Democracies：Towards a New Conceptual Framework"［J］. *Governance*, 1995（8）：505～526.

13. 陈国权. 论责任政府及其实现过程中的监督作用［J］. 浙江大学学报（人文社会

科学版)，2001（2）：28～34.

14. 陈弘毅．当代西方法律解释学初探［J］．中国法学，1997（3）：106～114.

15. 陈瑞莲，邹勇兵．香港高官问责制：成效、问题与对策［J］．中国行政管理，2003（11）：54～60.

16. 邓大才．论制度变迁的速率与选择［J］．财经问题研究，2006（4）：11～18.

17. 邓大宏．引咎辞职尚有制度漏洞需弥补［N］．中国商报，2004－04－27（5）.

18. 邓木佳．用科学管理理论优化香港高官问责制度［J］．中山大学学报论丛，2006（11）：67～73.

19. 窦泽秀．简论干部人事管理监督机制的创新［J］．中共青岛市委党校、青岛行政学院学报，2000（4）：20～23.

20. 杜钢建．走向政治问责制［J］．决策与信息，2003（9）：1.

21. 杜钢健．危机管理与政治问责制［J］．新东方，2003（5）：4～10.

22. 哈德生．问责制是香港行政体制重大改革［J］．（港）镜报月刊，2002（5）：5～6.

23. 何增科．渐进政治改革与民主的转型（上）［J］．北京行政学院学报，2004（3）：10～14.

24. 何增科．渐进政治改革与民主的转型（下）［J］．北京行政学院学报，2004（4）：1～5.

25. 胡建森，郑春燕．论行政领导人行政责任的准确认定［J］．浙江大学学报（人文社会科学版)，2004（6）：5～14.

26. 胡筱秀．行政发展与国家治理结构现代化——我国“行政三分制”改革试点的生态分析［J］．江苏社会科学，2005（3）：97～101.

27. 贾宝林．“增量政治改革”思想的利弊分析与完善［J］．安阳工学院学报，2005（5）：4～7.

28. 金太军．新世纪中国政治改革若干重大问题的思考［J］．江苏行政学院学报，2001（3）：83～92.

29. 金太军等．引咎辞职的双重效应分析［J］．学术研究，2003（1）：67～71.

30. 金耀基．香港与二十一世纪中国文化［J］．（港）明报月刊，1997（1）：15～19.

31. 康晓光．中国特殊论——对中国大陆25年改革经验的反思［J］．战略与管理，2003（4）：56～62.

32. 李景鹏．试论政治发展的动力与目标［J］．天津社会科学，1998（4）：31～36.

33. 李军鹏．西方责任政府研究的主题、框架与学说动向［J］．广东行政学院学报，2007（6）：9～13.

34. 李妙然．论我国推行引咎辞职制度的制约因素及对策研究［J］．经济与管理，2003（9）：62～64.

35. 李汪洋，顾爱华．论中国行政责任制度体系［J］．中国行政管理，2000（9）：15～17.

36. 李远夫．民众政治热情：2038 年悬念［J］．小康，2004（10）：48～49.

37. 李永清．高官问责制：香港行政体制的重大改革［J］．特区理论与实践，2002（9）：58～61.

38. 梁妍慧．问责制——深化党政领导干部监督管理的重要一环［J］．中国党政干部论坛，2004（9）：7～9.

39. 刘祖云．论公共行政责任的实现［J］．理论月刊，2003（4）：48～50.

40. 毛寿龙．行政性问责与程序性问责［J］．决策咨询，2004（8）：45.

41. 宋立功．高官问责制将改写香港的政治版图［J］．（港）信报：财经月刊，2002（5）：39～43.

42. 宋涛．中国地方政府行政首长问责制度的制度设计缺陷及影响［J］．行政论坛，2007（1）：11～16.

43. 宋涛．中国官员问责发展实证研究［J］．中国行政管理，2008（1）：12～16.

44. 孙彩红．香港主要官员问责制的评析及其借鉴价值［J］．天府新论，2004（4）：16～19.

45. 唐铁汉，李军鹏．加快行政管理体制改革的战略思考［J］．国家行政学院学报，2007（6）：11～16.

46. 汪永成．香港“高官问责制”审视［J］．暨南学报（人文科学与社会科学版），2004（5）：63～66.

47. 王晓波等．高官问责制及其对香港政治及行政体制发展的影响［J］．中国行政管理，2002（7）：28～30.

48. 王行宇．我国实现责任政府的理念转变与制度保证［J］．云南社会科学，2004（1）：26～29.

49. 王永进，邬泽天．我国当前社会转型的主要特征［J］．社会科学家，2004（6）：41～43.

50. 王瑜．国外舆论监督与反腐举措［J］．中国监察，2004（19）：56～57.

51. 吴长生等．董建华公布主要官员问责制方案［N］，人民日报（海外版），2002－04－19（4）．

52. 谢庆奎．中国行政机构改革的回顾与展望——兼论行政机构改革的长期性［J］．学习与探索，1997（6）：63～69.

53. 谢涛．当前中国的政治冷漠现象分析［J］．党政干部学刊，2005（3）：9～10.

54. 徐湘林．从政治发展理论到政策过程理论——中国政治改革研究的中层理论建构探讨［J］．中国社会科学，2004（3）：108～120.

55. 薛群．问责制政府的政治要求［J］．（港）广角镜，2003（9）：36～38.

56. 杨文军．质询案现状管窥［J］．人大研究，2003（10）：21～22.

57. 张成福．责任政府论［J］．中国人民大学学报，2000（2）：75～82.

58. 张强．政府责任模式的演变及其启示［J］．华南师范大学学报（社会科学版），2004（5）：28～34.

59. 张康之．公共行政中的责任与信念［J］．中国人民大学学报，2001（3）：79～85.

60. 张贤明．官员问责的政治逻辑、制度建构与路径选择［J］．学习与探索，2005（2）：56～61.

61. 周平．香港特区政府的问责制改革［J］．云南社会科学，2005（1）：17～21.

62. 周亚越．行政问责制的内涵及其意义［J］．理论与改革，2004（4）：41～43.

63. 周光辉，彭斌．理解代表——关于代表的正当性与代表方式合理性的分析［J］．吉林大学社会科学学报，2004（6）：14～20.

64. 宗文．一项着眼于香港平稳过渡和稳定繁荣的大政策——浅谈基本法关于公务员问题的规定［J］．紫荆，1993（34）：7.

其他参考文献：

1. 孙同文．治理能力与行政革新：香港行政革新的经验与启示［R］．香港：香港海峡两岸关系研究中心，1999.

2. 王家英等．主要官员问责制的成效及其对香港政治发展的影响［R］．香港：香港中文大学香港亚太研究所，2003.

3. 香港新力量网络管治改革小组（www. synergynet. org. hk）2002 年至 2007 年《香港特区管治改革报告》.

4. 中华人民共和国 2000 年至 2008 年国务院政府工作报告.

5. 香港特别行政区 1998 年至 2007 年政府施政报告.

6. 香港特别行政区立法会及其政制事务委员会 2001 年以来的会议过程正式记录、文件及发展报告.

7. 《重庆市政府部门行政首长问责暂行办法》、《海南省行政首长问责暂行规定》、《深圳市人民政府部门行政首长问责暂行办法》、《党政领导干部辞职暂行规定》等内地问责制度的相关规定和办法.

8. 香港特别行政区《问责制主要官员守则》.

9. 《中华人民共和国香港特别行政区基本法》.

后 记

十年寒窗堪比长，课本尽，考试伤。
韶光耗尽，尘面记沧桑。
幸遇恩师指迷航，谨世道，莫张狂。
人生学海何茫茫，昼俯案，夜思量。
上下求索，唯留字千行。
凭得余生回眸处，纵有憾，尚自强。

从博士毕业论文开始，不断修修补补、删删改改，才完成了这本二十余万字的小书，这不仅是我十年寒窗一个重重的句点，更将成为我独立学术生涯的一个起点，不知是否担当得起，毕竟这其中承载了太多人的期望和支持。

在这里，首先要感谢我的父母，三十余年来，他们给了优越的成长环境和从未置疑的支持，使我可以一心一意的潜心于学业。但在博士论文的最后写作阶段，我最深爱的父亲因病与世长辞，令我悲痛之至。希望这本小书，可以让他的在天之灵聊以慰藉。

此外，要感谢我学术生涯中最重要的两位导师：厦门大学卓越教授和吉林大学张创新教授，二位师者给予我的，不仅是醍醐灌顶的教诲、孜孜不倦的指引，更有长久以来坚定的支持和默默的关怀。正是这些，给了我不断探求真理的勇气和热情。桃李无言，下自成蹊。弟子在远方每一天的深夜俯案与自强不辍，无不渗透着对恩师的拳拳之心与感激之情！

感谢我的爱人和几位挚友，以及身边每一个关心我、支持我的亲人和师长，是他们给了我源源不断的幸福和朝气，以及微笑前行的力量。

感谢上海大学经济学院及光明日报出版社，她们对于年轻学者始终如一的支持和宽容，使得拙著得以自信的走到读者面前。

做文如做人，难免憧憬，也常有遗憾；文品如人品，难免局限，但尚且真诚。这本小书虽然平凡，但却如实的记录了我人生中最难忘、最充实的这段日子。希望它可以成为我告别过往、掸去尘土之后又一个充满希冀的开始。

再一次感谢我身边的每一个人。

赵　蕾

二〇一〇年十月十日于上海